# Spiel dich schlau mit kahoot!

Lust auf eine Quiz-Runde? Hinten im Buch findest du drei QR-Codes, die dich direkt zu drei verschiedenen Quizzen führen. Du kannst sie allein oder als Challenge mit deinen Freunden spielen.
Mit dem Handy oder Tablet Code scannen, Nickname eingeben und losspielen.

- **Im Training** Wenn du das Buch gelesen hast, sollte dir das erste Quiz nicht schwer fallen.
- **Profi-Runde** Du meinst, du kennst dich schon richtig gut aus im Thema? Dann probier doch das zweite Quiz!
- **Pics Challenge** Du willst dein Wissen in Bildern testen? Dann ist das dritte Quiz das richtige für dich.

Dabei gibt es verschiedene Fragetypen: Von Wahr-Falsch-, Schätz-, Eingabe- und Multiple-Choice-Fragen ist alles dabei.

**Wozu könnten die Rückenplatten des Stegosaurus gedient haben?**

- Zum Beeindrucken von Weibchen
- Zur Abkühlung
- Zum Schutz vor Flugsauriern
- Zur Tarnung zwischen Steinen

**Für jede richtige Antwort gibt es Punkte. Wer am Ende die meisten gesammelt hat, gewinnt.**

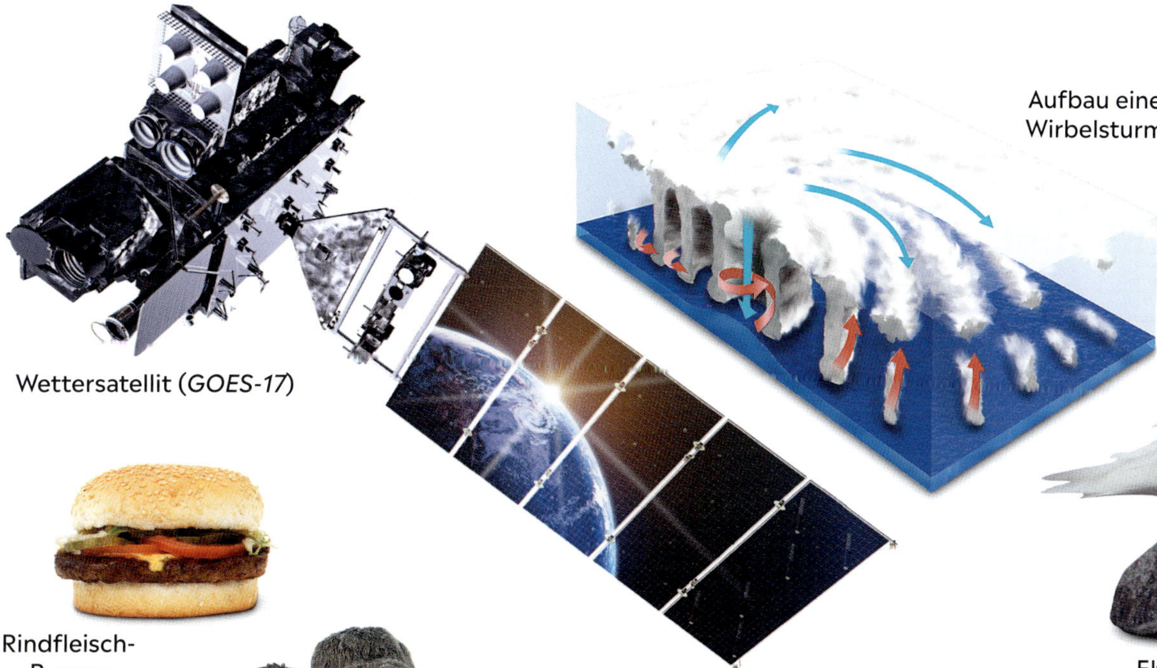

Wettersatellit (*GOES-17*)

Aufbau eines Wirbelsturms

Rindfleisch-Burger

Elfenbeinmöwe

Mammut

Mit Biokraftstoff betriebener Bus

Verkehr ohne Abgase

Kohlendioxid-molekül ($CO_2$)

Lachgasmolekül ($N_2O$)

Wasserdampf-molekül ($H_2O$)

Methan-molekül ($CH_4$)

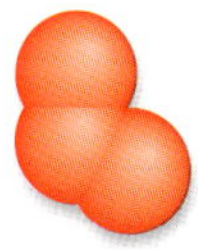

Ozonmolekül ($O_2$)

Recyclingcontainer

MEMO WISSEN

# KLIMAWANDEL

# MEMO WISSEN
# KLIMAWANDEL

von **John Woodward**

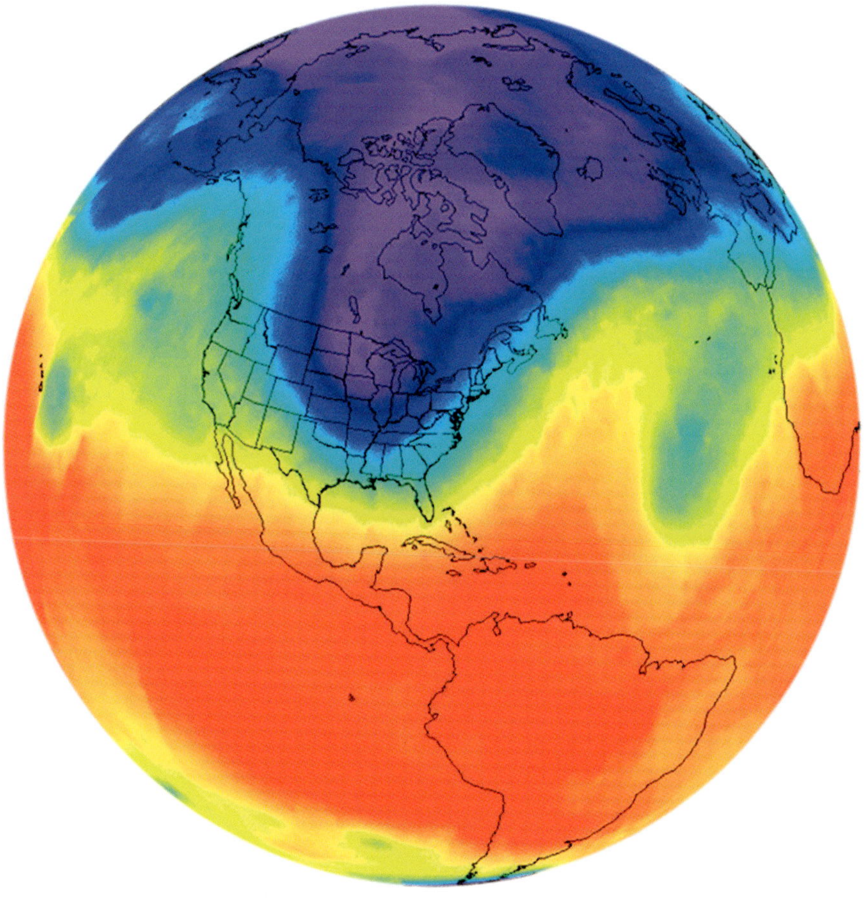

Infrarotbild
der Erdtemperatur

DK

Sonne

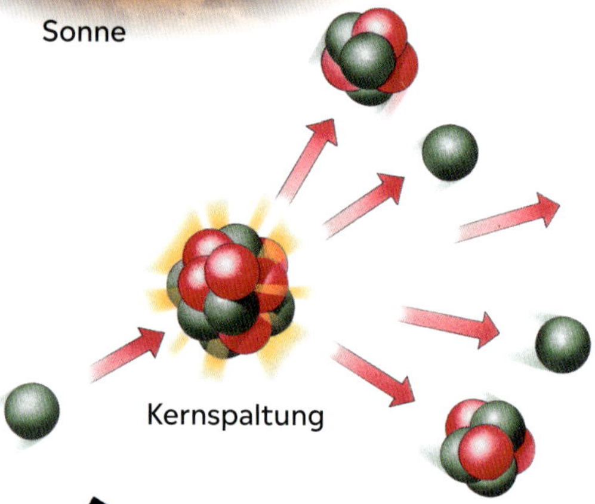

Kernspaltung

Die Schichten der Erdatmosphäre


DK | Penguin Random House

**Lektorat** Margaret Hynes, Shatarupa Chaudhuri, Sai Prasanna, Kingshuk Ghoshal, Sunita Gahir, Carron Brown, Camilla Hallinan, Francesca Baines, Andrew Macintyre, Liz Wheeler, Jonathan Metcalf
**Gestaltung und Bildredaktion** Owen Peyton Jones, Martin Wilson, Shefali Upadhyay, Tannishtha Chakraborti, Harish Aggarwa, Baibhav Parida, Sanya Jain, Vikas Chauhan, Govind Mittal, Neeraj Bhatia, Pawan Kumar, Lynne Moulding, Deepak Negi, Sarah & Roland Smithies, Lucy Claxton, Rose Horridge, Myriam Megharbi, Emma Shepherd, Romaine Werblow, Philip Letsu, Karen Self
**Umschlaggestaltung** Surabhi Wadhwa-Gandhi, Sophia MTT, Juhi Sheth
**Herstellung** Hitesh Patel, Man Fai Lau, George Nimmo, Samantha Cross

**Fachliche Beratung** Dr. Piers Forster, Daniel Hooke

Für die deutsche Ausgabe:
**Verlagsleitung** Monika Schlitzer
**Programmleitung** Heike Faßbender
**Redaktionsleitung** Martina Glöde
**Herstellungsleitung** Dorothee Whittaker
**Herstellungskoordination** Bianca Isack
**Herstellung** Stefanie Staat

Titel der englischen Originalausgabe:
Eyewitness Climate Change





Umfassend aktualisierte Neuausgabe © 2024





**Übersetzung** Gerrit ten Bloemendal
**Producing** booklab GmbH, München

ISBN 978-3-8310-4901-1

**Druck und Bindung** TBB, a.s., Slowakei

FSC MIX Papier | Fördert gute Waldnutzung FSC® C018179 www.fsc.org

**www.dk-verlag.de**

**www.kahoot.com**

Pilze

Tanksäule

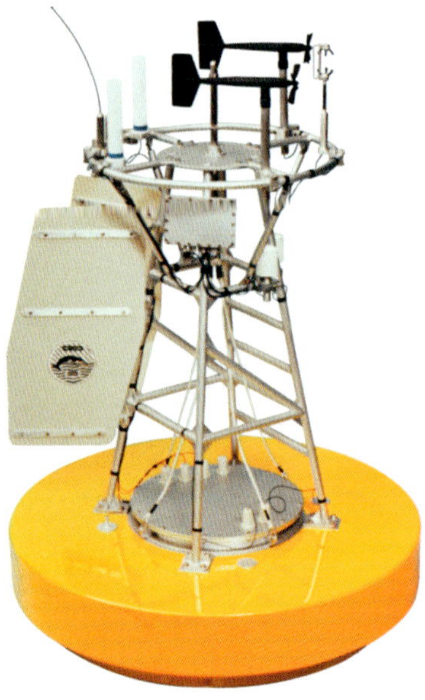

Forschungsboje

# Inhalt

Bäume werden gepflanzt.

# Das **Klima**

Strömungen in der Atmosphäre und in den Ozeanen transportieren Wärme und Feuchtigkeit rund um die Erde und bestimmen das Wetter. Das Wetter über längere Zeit an einem bestimmten Ort nennen wir Klima. Das Klima verändert sich nur langsam und das Leben passt sich daran an. In letzter Zeit wandelt sich das Klima aber schneller.

### Lebendiger Planet

Die Atmosphäre sorgt dafür, dass es tagsüber nicht glühend heiß und nachts nicht eisig kalt wird. Ohne die Atmosphäre wäre kein Leben auf der Erde möglich.

### Unfruchtbare Wüste

Wasser ist lebenswichtig für Mensch und Tier. In manchen Gebieten ist das Wasser aber ständig gefroren oder es fehlt wegen der Hitze wie in Wüsten. Dann ist kaum Leben möglich. In einer Wüste wie in Israel kann ein kleiner Temperaturanstieg alles Leben auslöschen.

### Voller Leben

In einem feuchtwarmen Klima bieten reiche Ökosysteme wie dieser Regenwald Nahrung für unzählige Pflanzen- und Tierarten. Sie alle sind optimal angepasst an die Bedingungen dort. Viele von ihnen würden einen schnellen Klimawandel wahrscheinlich nicht überleben.

### Erderwärmung

Seit etwa 1900 steigt die durchschnittliche Temperatur auf der Erde an. Sie ist immer wieder gefallen und gestiegen, aber seit einiger Zeit steigt sie immer höher. Die Ursachen hierfür sind: moderne Industrien, Großstädte und der große Verbrauch von Kohle, Gas und Öl für Heizen, Strom und Verkehr.

## Klimawandel

Wissenschaftler untersuchen das Klima überall auf der Welt. Sie forschen sogar am Südpol (Antarktis), wie diese Station auf dem Eis zeigt. Deshalb wissen wir, dass das Klima lange Zeit stabil war. So konnte der Mensch sich erfolgreich weiterentwickeln. Doch seit 1900 verändert sich das Klima rasant.

### SCHIEFE ERDE

Die Sonne steht am Äquator senkrecht über den Tropen. Auf den Nord- und den Südpol scheint sie in einem schrägen Winkel. Dadurch ist die Strahlung schwächer und es bilden sich Eisschilde. Die Achse der Erde ist etwas gekippt und die Erde umkreist die Sonne in einem Jahr. Daher erwärmt die Sonne die Nordhalbkugel im Sommer stärker als im Winter. Ist bei uns Winter, erhält der Süden mehr Sonne und es ist dort Sommer. So entstehen Jahreszeiten.

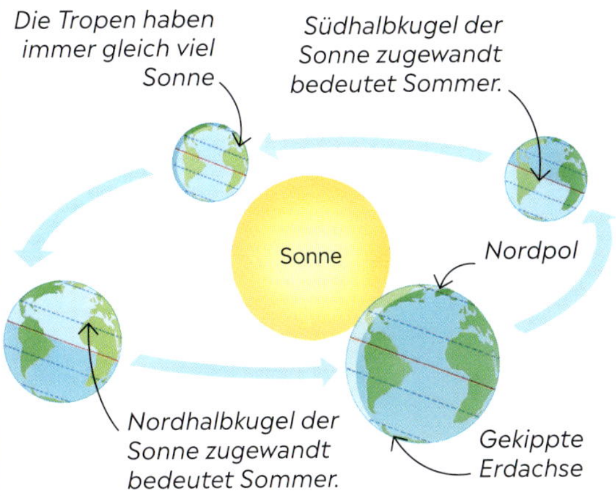


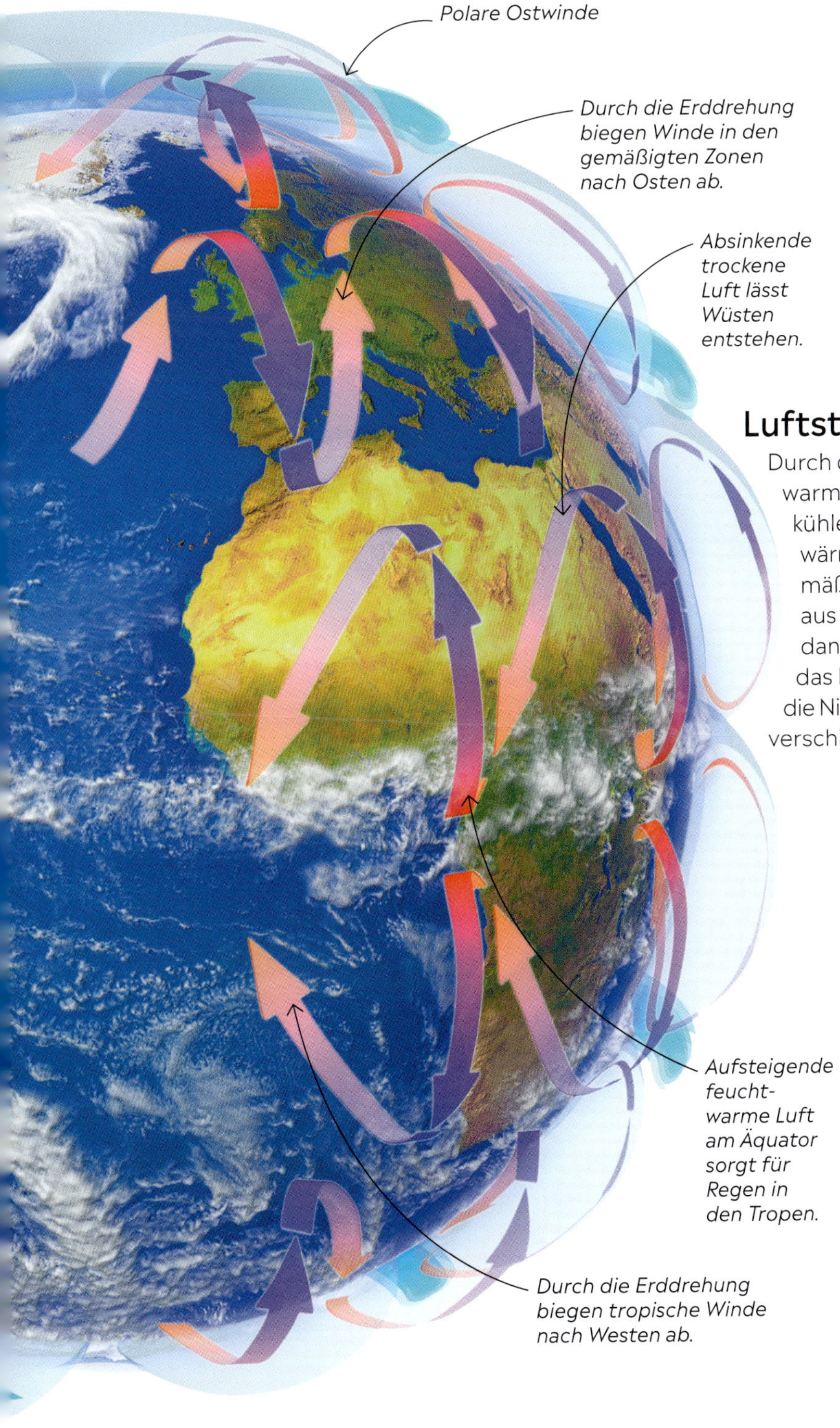


## Luftströme

Durch die Kraft der Sonne in den Tropen bildet sich dort warme Luft, die in Richtung der Pole strömt. Die Tropen kühlen ab und Gegenden mit weniger Sonne werden wärmer. So wird das Klima auf der Erde insgesamt gleichmäßiger. Mit diesen Luftströmen wird auch Feuchtigkeit aus den Ozeanen über die Kontinente verteilt. Sie fällt dann als Regen oder Schnee. Durch dieses Wasser wird das Leben an Land erst möglich. Da die Temperatur und die Niederschlagsmenge nicht überall gleich sind, entstehen verschiedene Klimazonen wie Wüsten oder Regenwälder.

### WEITBLICK

**Svante Arrhenius**

Um 1895 behauptete der schwedische Chemiker, dass die Eiszeiten entstanden seien, weil es weniger Vulkanausbrüche gegeben habe und so weniger Kohlendioxid ($CO_2$) in die Atmosphäre gelangt sei. Er glaubte, dass die Erde sich erwärmt, wenn der Mensch durch die Verbrennung von Kohle, Gas und Öl mehr $CO_2$ produziert. Er hatte recht!

# Der Treibhaus**effekt**

Die Atmosphäre liegt wie eine Hülle um die Erde und wirkt wie ein Sonnenschutz und eine wärmende Decke. Sie schützt das Leben auf der Erde vor zu starker Sonneneinstrahlung und verhindert, dass die Wärme nachts wieder ins All entweicht. Dieser Vorgang heißt Treibhauseffekt. Ohne ihn wäre Leben auf der Erde nicht möglich. Aber ist der Treibhauseffekt zu stark, erwärmt sich die Erde zu sehr.

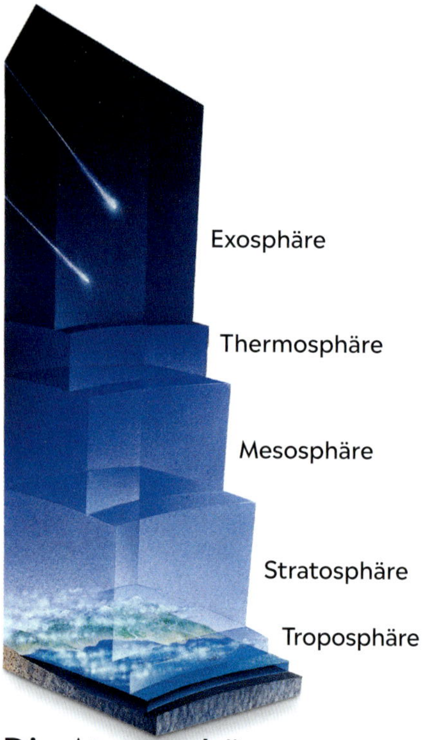


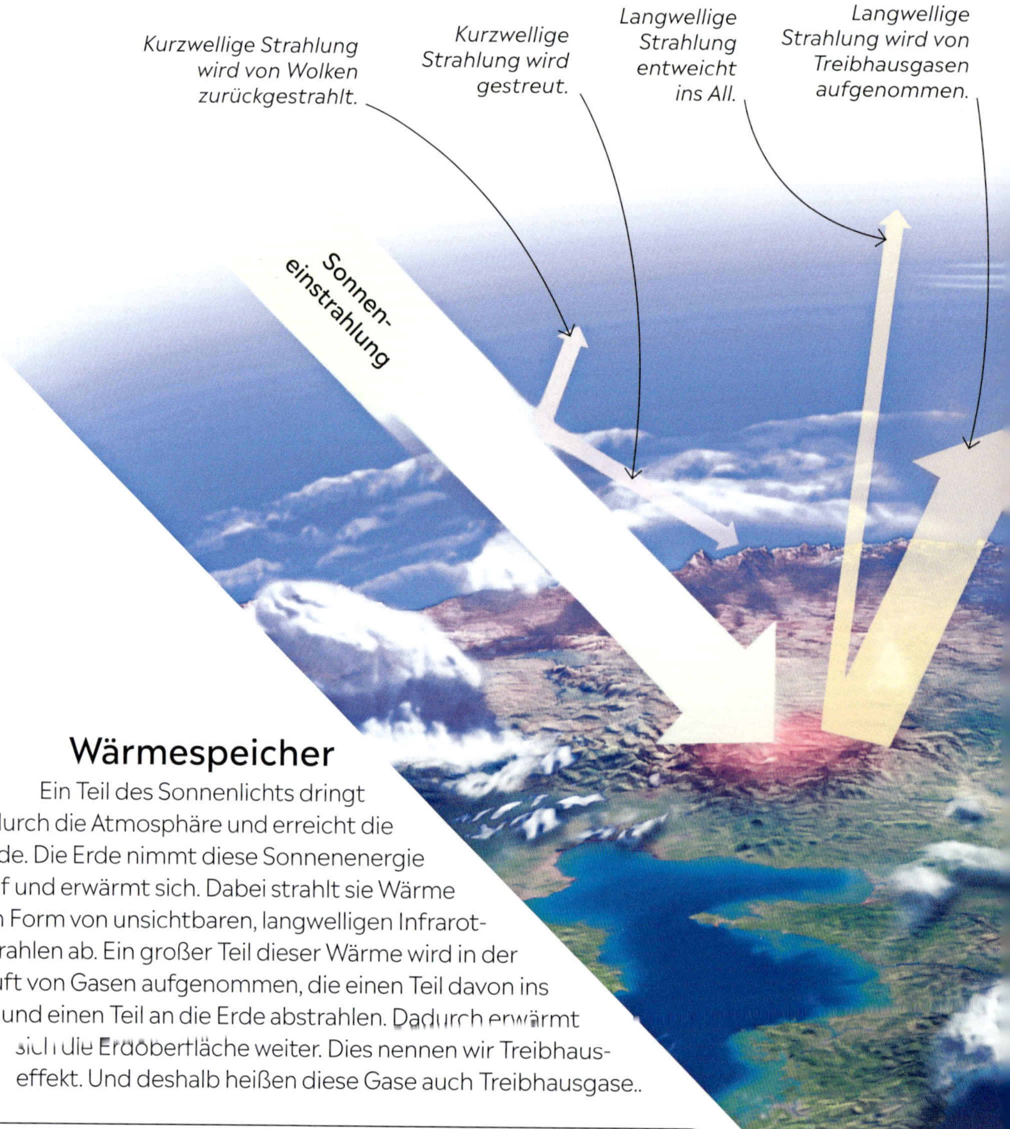


## Die Atmosphäre der Erde

Die Atmosphäre besteht vor allem aus Stickstoff und Sauerstoff, dazu noch kleinen Mengen an Kohlendioxid, Wasserdampf und anderen Gasen. Die meisten befinden sich in der untersten Schicht der Atmosphäre, Troposphäre genannt.

## Wärmespeicher

Ein Teil des Sonnenlichts dringt durch die Atmosphäre und erreicht die Erde. Die Erde nimmt diese Sonnenenergie auf und erwärmt sich. Dabei strahlt sie Wärme in Form von unsichtbaren, langwelligen Infrarotstrahlen ab. Ein großer Teil dieser Wärme wird in der Luft von Gasen aufgenommen, die einen Teil davon ins All und einen Teil an die Erde abstrahlen. Dadurch erwärmt sich die Erdoberfläche weiter. Dies nennen wir Treibhauseffekt. Und deshalb heißen diese Gase auch Treibhausgase..

### TREIBHAUSGASE

Die wichtigsten Treibhausgase sind Wasserdampf, Kohlendioxid, Methan, Lachgas und Ozon. Sie sind alle Verbindungen von Atomen. So hat Kohlendioxid ein Kohlenstoffatom und zwei Sauerstoffatome.

Wasserdampf ($H_2O$) Kohlendioxid ($CO_2$) Methan ($CH_4$) Lachgas ($N_2O$) Ozon ($O_3$)

## Lebensretter

Ohne die Atmosphäre wäre es auf der Erde tagsüber glühend heiß und nachts eisig kalt. Die Temperatur würde von durchschnittlich 14 °C auf etwa –18 °C sinken. Ohne den Treibhauseffekt gäbe es heute kein Leben auf der Erde.

*Wie viele Lebewesen stirbt auch eine Rose, wenn die Temperatur immer unter null ist.*

## Kalter Nachbar

Der Mond ist kleiner als die Erde und hat eine geringere Anziehungskraft. Daher strömt Gas aus seinem Inneren ins All und bildet keine Atmosphäre. Da es auf dem Mond keinen Treibhauseffekt gibt, ist es dort sehr kalt. Auch deshalb ist dort kein Leben möglich.

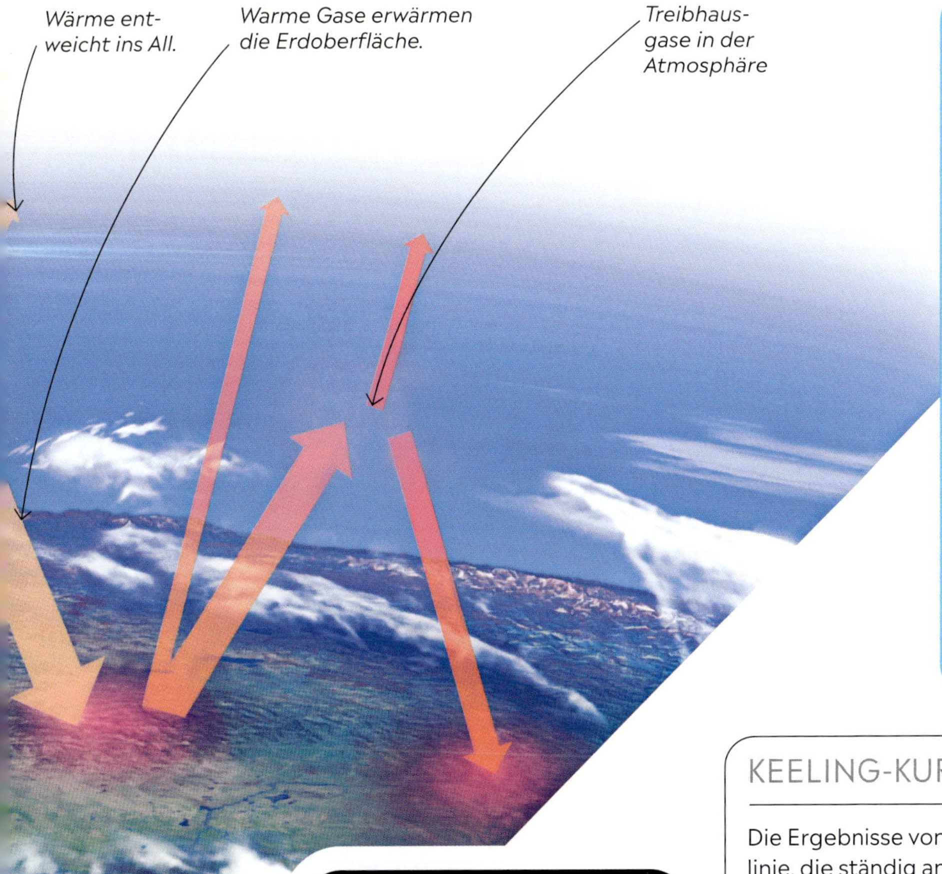


### WEITBLICK

**Charles Keeling**

Der amerikanische Forscher Charles Keeling hat herausgefunden, dass die Menge an Kohlendioxid ($CO_2$) in der Luft seit 1958 jedes Jahr zunimmt. Ein $CO_2$-Molekül nimmt zwar weniger Wärme auf als die Moleküle anderer Treibhausgase. Da es aber so viel davon gibt, erwärmt sich die Erde.

## Treibhausplanet

Der Planet Venus ist fast genauso groß wie die Erde und hat auch eine Atmosphäre. Da die Venus aber sehr nah an der Sonne ist, ist es dort so heiß, dass es keine Meere gibt. Auf der Erde nehmen die Meere $CO_2$ aus der Luft auf und verringern so den Treibhauseffekt. Ohne Meere beträgt die durchschnittliche Temperatur auf der Venus über 500 °C.

### KEELING-KURVE

Die Ergebnisse von Keelings Messungen zeigen eine Zickzacklinie, die ständig ansteigt. Der Zickzackeffekt entsteht dadurch, dass die Bäume und anderen Pflanzen auf der Nordhalbkugel im Sommer mehr Kohlendioxid aufnehmen als im Winter. Aber die Kurve steigt weiter an: von 315 Teilchen $CO_2$ pro Million Teile Luft im Jahr 1958 auf 417 im Jahr 2020 (423 im Jahr 2023).

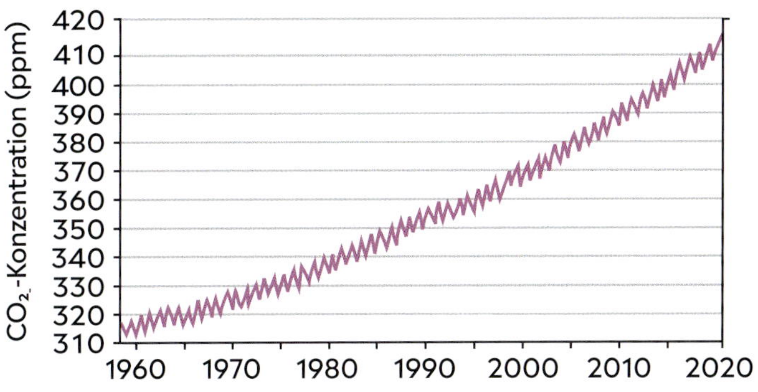

# Kohlenstoff**kreislauf**

Kommt Kohlenstoff mit Sauerstoff in Kontakt, entsteht Kohlendioxid ($CO_2$). Blattpflanzen nehmen bei der Fotosynthese $CO_2$ aus der Luft auf und geben davon wieder etwas ab. Werden sie verbrannt oder verrotten, kommt auch $CO_2$ frei. Die Ozeane nehmen es auf und geben es wieder ab. Bei Vulkanausbrüchen wird es ebenfalls freigesetzt. Dieser Austausch von Kohlenstoff zwischen Lebewesen, Atmosphäre, Weltmeeren und Gestein heißt Kohlenstoffkreislauf.

## Fotosynthese

Grünpflanzen und Plankton in den Ozeanen nutzen Sonnenenergie, um $CO_2$ und Wasser in Zucker zu verwandeln. Dabei entsteht Sauerstoff. Dieser Vorgang heißt Fotosynthese. Zucker ist also eigentlich die Energie der Sonne. Fast alle Lebewesen brauchen diese Energie für den Aufbau von Gewebe und ihr Überleben.

## Atmung

Pflanzen und Tiere brauchen Sauerstoff, um die Energie aus Kohlenhydraten wie etwa Zucker zu nutzen. Das nennen wir Atmung. Dabei verwandeln sie den Zucker in $CO_2$ und Wasser. Tiere atmen also Sauerstoff ein und $CO_2$ und Wasserdampf aus.

*Der Atem sieht bei Kälte wie eine Nebelwolke aus.*

## Kohlenstoffkreislauf

Lebewesen nehmen ständig Kohlenstoff auf und geben ihn wieder ab. Pflanzen holen sich bei der Fotosynthese $CO_2$ aus der Luft. Sie verwenden einen Teil davon für den Aufbau von Gewebe. Sterben sie und verrotten, kommt das $CO_2$ wieder in die Luft. Fressen Tiere Pflanzen, nutzen sie den Kohlenstoff für den Aufbau ihres eigenen Gewebes. Wenn Pflanzen und Tiere atmen, wandeln sie Zucker in Energie um und setzen dabei $CO_2$ frei.

*Aus toten Pflanzen sowie Überresten und Abfällen von Tieren entweicht $CO_2$.*

## Zerfall

Tote Lebewesen werden von Bakterien und Pilzen abgebaut. Kommt bei diesem Vorgang der Kohlenstoff aus dem toten Gewebe mit Luft (Sauerstoff) in Kontakt, wird $CO_2$ an die Luft abgegeben. Trifft der Kohlenstoff im Gewebe auf Wasser, dann entsteht Methan.

## SPEICHERUNG VON KOHLENSTOFF

Sterben Pflanzen oder Tiere, beginnen sie zu verrotten oder zu verwesen. Dabei wird der aufgenommene Kohlenstoff an die Luft abgegeben. Manchmal zersetzen sie sich aber nicht ganz. Versinken abgestorbene Pflanzen in einem Moor, verrotten sie oft gar nicht. Sie verwandeln sich dann in Torf. Wird aus dem Torf Kohle, bleibt der Kohlenstoff dort gespeichert.

## Vulkane

Die Erdkruste ist eine Schale aus Gestein. Dort ist viel Kohlenstoff enthalten. Bei einem Vulkanausbruch gelangen Gase wie $CO_2$ in die Atmosphäre. Das geschieht über den Ausstoß von geschmolzenem Karbonatgestein wie Kalkstein. Vulkane stoßen ständig kleine Mengen an $CO_2$ aus. Dadurch wird nach und nach noch mehr Karbonatgestein gebildet.

## Erdtemperatur

Vor 3,5 Milliarden Jahren wurde bei Vulkanausbrüchen extrem viel $CO_2$ freigesetzt. Dadurch gab es einen starken Treibhauseffekt, der die Erde erwärmte. Im Laufe der Zeit wurde die Sonne aber heißer. Weil die Ozeane das $CO_2$ größtenteils aufnahmen, verringerte sich der Treibhauseffekt wieder. Die Temperatur auf der Erde könnte sich also ohne Einmischung des Menschen selbst regeln.

# Im Gleichgewicht

Die Erde nimmt fast genauso viel Energie der Sonne auf, wie sie ins All zurückstrahlt. Treibhausgase können dieses Gleichgewicht stören. Dann wird unser Planet kälter oder wärmer. Dadurch kann sich das ganze Klimasystem der Erde verändern. Das nennen wir Rückkopplungen. Forscher befürchten, dass ein starker Temperaturanstieg zu enormen Rückkopplungen führen wird. Dann würde die Erde noch wärmer werden.

## Aufnahme von Kohlenstoff

Pflanzen und Plankton sind im Zusammenhang mit dem Treibhauseffekt wichtig. Je mehr $CO_2$ in der Luft ist, desto schneller wachsen Pflanzen und desto mehr $CO_2$ nehmen sie auf. Auf dem Bild bekommen Pflanzen eine Extraportion $CO_2$. Forscher wollen wissen, wie sie darauf reagieren.

## Die Energiebilanz der Erde

Wenn Sonnenstrahlen auf die Erde treffen, wird etwa ein Drittel der Energie sofort ins All abgegeben. Denn Wolken, winzige Teilchen in der Luft (Aerosole) und die Erde selbst reflektieren die Strahlen. (Auf dem Bild ist die Energie der Sonne in Watt pro Quadratmeter angegeben.) Die Atmosphäre nimmt mehr Energie auf. Etwas weniger als die Hälfte bleibt für die Weltmeere und das Land. Beides wärmt sich auf und gibt Wärme an die Atmosphäre ab. Dort fangen Treibhausgase einen Teil dieser Energie auf.

**Kurzwellige und langwellige Strahlung**

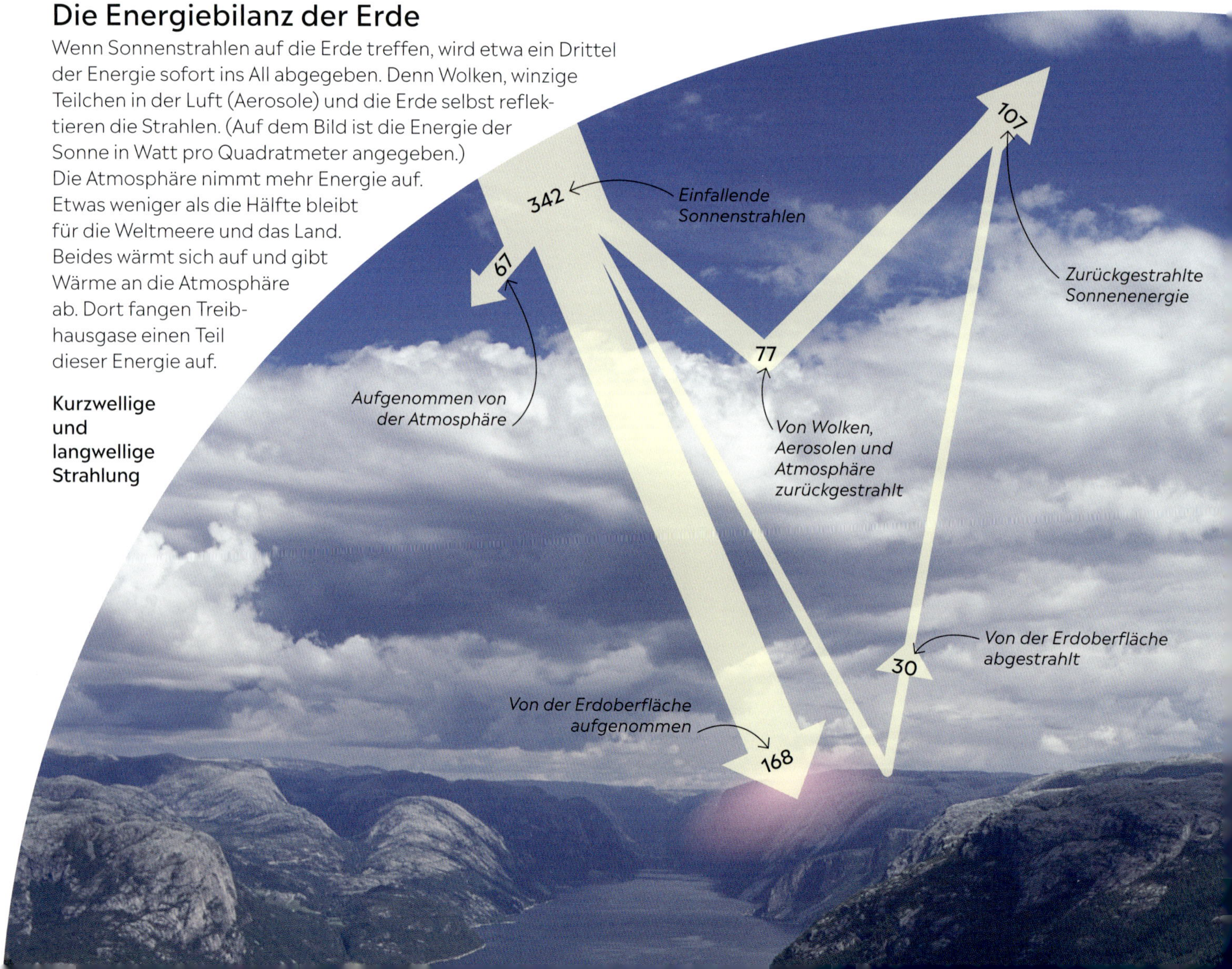

## Positive Rückkopplung

Eis und Schnee wirken wie ein Spiegel und werfen die Sonnenenergie zurück. So nimmt der Boden weniger Wärme auf und es bildet sich mehr Eis. Dies wird Albedo-Effekt genannt. Es ist ein Beispiel für eine sogenannte positive Rückkopplung. Von positiv spricht man, weil der Effekt die Wirkung verstärkt.

## Negative Rückkopplung

Es gibt auch Vorgänge, deren Wirkung immer gleich bleibt. Wenn Sonne die Ozeane erwärmt, verdunstet Wasser, das als Dampf aufsteigt. Dabei kühlt er ab. Es entstehen Wolken. Durch ihren Schatten kühlen die Ozeane wieder ab. Verdunstet kein Wasser und es bilden sich keine Wolken, erwärmt sich das Wasser wieder.

## Kipppunkte

Wird ein Krug mit Eiswürfeln, der eine Temperatur von -10 °C hat, um etwa 2 °C pro Stunde erwärmt, passiert erst einmal nichts. Erst wenn die Temperatur über 0 °C steigt, fängt das Eis zu schmelzen an. So einen Punkt nennt man Kipppunkt. Überschreitet die Erdtemperatur einen Kipppunkt, kann sich die Erderwärmung verstärken.

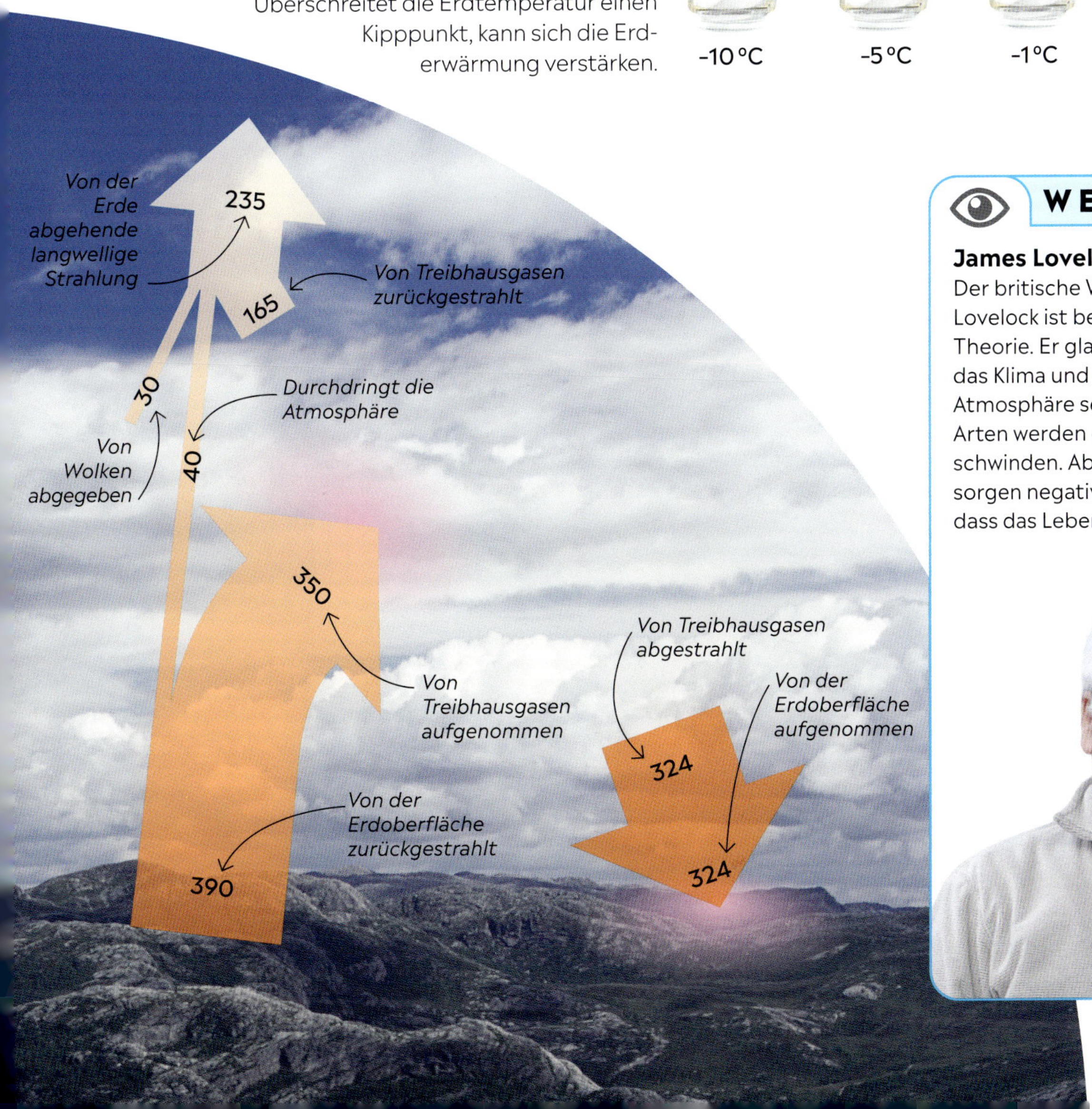


### WEITBLICK

**James Lovelock**

Der britische Wissenschaftler James Lovelock ist bekannt für seine Gaia-Theorie. Er glaubt, dass alle Lebewesen das Klima und die Beschaffenheit der Atmosphäre selbst regulieren. Einige Arten werden durch Katastrophen verschwinden. Aber langfristig betrachtet sorgen negative Rückkopplungen dafür, dass das Leben bestehen bleibt.

*Sonnenfleck*

## Sonnenflecken

Auf der Oberfläche der Sonne kann man dunkle Flecken sehen, die sogenannten Sonnenflecken. Sie sind umgeben von helleren Bereichen, den Sonnenfackeln. Je mehr Sonnenflecken und Sonnenfackeln es gibt, umso mehr Energie strahlt die Sonne ab. Heute gibt es zwar mehr Sonnenflecken als vor 200 Jahren. Da die Energieschwankungen trotzdem gering sind, haben sie wohl nichts mit dem Klimawandel zu tun.

# Natürlicher **Klimawandel**

Dass die durchschnittliche Erdtemperatur immer weiter ansteigt, hängt mit dem Menschen zusammen. Doch Klimaveränderungen gab es schon immer. Früher wurden sie durch natürliche Vorgänge ausgelöst, die die Umlaufbahn der Erde um die Sonne veränderten. Oder durch eine stärkere oder schwächere Sonneneinstrahlung. Oder durch Naturkatastrophen wie große Vulkanausbrüche.

## Woher wissen wir das?

Gab es früher ein anderes Klima, lässt sich das am Gestein ablesen. Die dicken Schichten aus rotem Sandstein in Nordeuropa waren früher Sanddünen in heißen Wüsten. Auf dem Bild siehst du Kreidefelsen. Sie sind in einem Gewässer entstanden, als es noch Dinosaurier gab.

*Millionen Jahre alte Kreidefelsen*

## Die Wanderung der Kontinente

Die Erdkruste besteht aus Platten, auf denen die Kontinente liegen. Da diese Platten sich seit Millionen von Jahren verschieben, verändert sich auch das Klima dort. Vor etwa 250 Mio. Jahren entstand so der riesige „Superkontinent“ Pangäa. Dort herrschte ein Wüstenklima, weil der größte Teil weit vom Ozean entfernt lag.

## Vulkanausbrüche

Bei manchen Vulkanausbrüchen werden Staub und Gase wie $CO_2$ in die Stratosphäre geschleudert. Verdunkeln sie die Sonne, kann die Erdtemperatur um bis zu 1 °C sinken. Große Vulkanausbrüche haben das Klima in früheren Zeiten stark verändert. Die jüngsten Ausbrüche waren dafür nicht groß genug. Das $CO_2$ bleibt aber über 100 Jahre in der Atmosphäre und lässt die Erdtemperatur ansteigen.

Im Juni 1991 brach der Vulkan Pinatubo auf den Philippinen aus. Dabei gelangten große Mengen an Schwefeldioxid in die Atmosphäre. Die Temperatur auf der Erde sank.

## EINBLICK

**Maureen Raymo**

Die Klimaforscherin Maureen Raymo aus den USA weiß alles über Eiszeiten und ihre Ursachen. Durch ihre Arbeit kennen wir den Unterschied zwischen natürlichen Klimaveränderungen und dem Klimawandel, der von den Menschen gemacht ist.

## Eiszeiten

Eiszeiten entstehen durch Veränderungen in der Umlaufbahn der Erde um die Sonne. Heute leben wir in einer warmen Phase. Doch vor 20 000 Jahren bedeckten Eis und Schnee weite Teile der Nordhalbkugel. Dort lebten Tiere wie dieses Wollmammut, dem die Kälte nichts ausgemacht hat.

## DIE ZYKLEN DER ERDE

**Veränderungen in der Umlaufbahn**
Etwa alle 100 000 Jahre verändert sich das Klima der Erde durch Verschiebungen in der Umlaufbahn der Erde um die Sonne. Die fast runde Umlaufbahn wird dann oval. Und das hat Folgen für die Erdtemperatur.

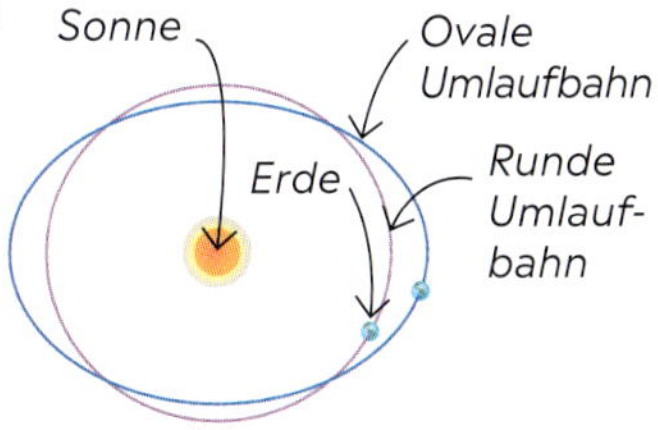


**Neigung der Erdachse**
Die Erde dreht sich alle 24 Stunden einmal um die eigene Achse. Diese Achse hat eine Neigung von 23,5°. Durch die Drehung gibt es Tag und Nacht, durch die Neigung Winter und Sommer. Die Neigung verändert sich im Zeitraum von 42 000 Jahren. Damit verschieben sich die tropischen und polaren Regionen.

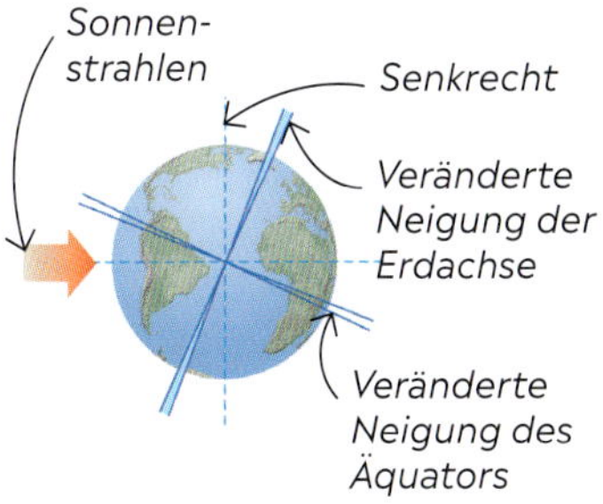


**Ausrichtung der Erdachse**
Die Ausrichtung der Erdachse ändert sich im Laufe von 25 800 Jahren. Dabei orientieren sich die Pole an Sternen. In der Mitte des Kreislaufs drehen sich die Zeiten für Winter und Sommer um.

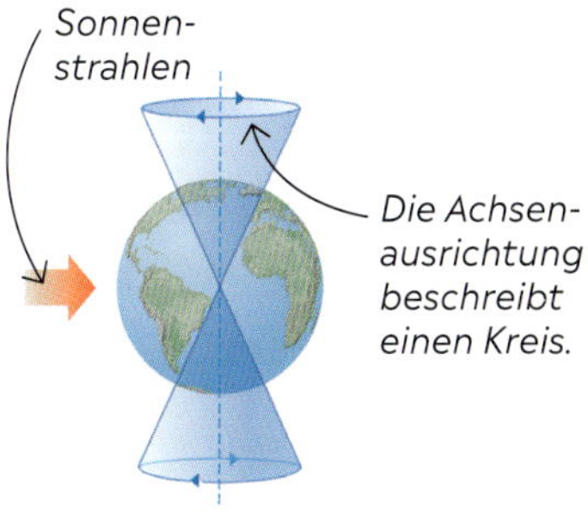

# Unser **Einfluss**

Seit dem Höhepunkt der letzten Eiszeit vor 20 000 Jahren hat sich die Erde insgesamt nur um 4 °C erwärmt, seit 1900 aber um 1,2 °C. In dieser kurzen Zeit gab es viel Fortschritt für den Menschen. Dazu war aber eine große Menge Energie nötig. Diese wurde größtenteils mit Brennstoffen erzeugt, die bei ihrer Verbrennung Kohlendioxid ($CO_2$) freisetzen. Der $CO_2$-Gehalt in der Luft stieg genauso schnell wie die durchschnittliche Erdtemperatur. Das beweist, dass unser Lebensstil, der viel Energie verbraucht, den Klimawandel verursacht.

## TEMPERATUR MESSEN

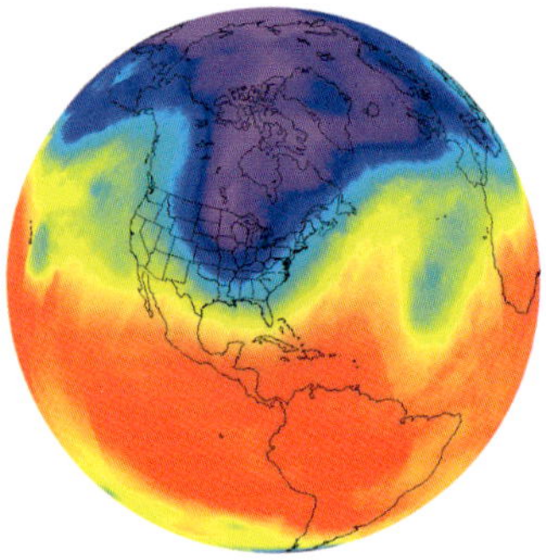

Jeden Tag messen Menschen überall auf der Welt die Temperatur. Auch Satelliten im Weltall erfassen die Temperatur der Atmosphäre und der Erdoberfläche. Auf diesem Infrarotbild ist der Bereich mit der niedrigsten Temperatur lila eingefärbt, der mit der höchsten rot. Durch die Zusammenführung aller Daten erhalten wir eine durchschnittliche Erdtemperatur.

### Blick in die Vergangenheit

Wissenschaftler nehmen Eisproben in Grönland und am Südpol, sogenannte Eisbohrkerne. Das Eis enthält Luftblasen, also Sauerstoff. Und die sagen etwas über die Veränderung der Treibhausgase aus. So reicht unser Blick in das Erdklima 800 000 Jahre zurück.

*Ein Eisbohrkern wird vorsichtig aus einem Hohlbohrer geschoben.*

Klimaforscher in einer Forschungsstation am Südpol

## Luftblasen im Eis

Wenn es schneit, landet mit den Schneeflocken auch Luft auf dem Boden. Je mehr Schnee fällt, desto mehr Druck entsteht. Der Schnee verwandelt sich zu Eis, in dem Luftblasen enthalten sind. Wissenschaftler können messen, wie viel $CO_2$ in den Blasen ist. So können sie feststellen, wie sich die Menge an $CO_2$ mit der Zeit verändert hat (siehe Grafik unten).

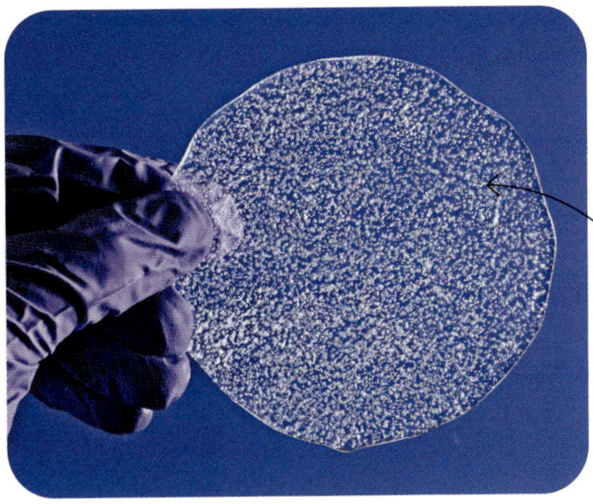

*Winzige Luftbläschen im Eis*

## Der Hauptschuldige

Die Luftblasen in den Eisbohrkernen zeigen, dass der $CO_2$-Gehalt im Jahr 1700 bei etwa 280 Teilen $CO_2$ pro Million Teilen Luft lag. Aus Luftproben, die heutzutage an Turmspitzen wie dieser genommen werden, wissen wir, dass der Wert 2019 bei 411 lag. Das sind 131 Teile $CO_2$ mehr pro Million Teile Luft. Diese Zunahme hat den Treibhauseffekt erheblich verstärkt. Deshalb sind die Temperaturen auf der Erde stark gestiegen und steigen weiter.

*Wissenschaftler nehmen Proben der Luft.*

*Die Elfenbeinmöwe ist durch das Schmelzen des Eises bedroht.*

## Durchschnitt und Extreme

Ein Anstieg der Erdtemperatur um 1,2 °C in den letzten 120 Jahren hört sich nicht sehr schlimm an. Aber einige Tierarten werden deswegen aussterben. 1,2 °C ist der durchschnittliche Wert. Es kann also sein, dass die Temperatur an manchen Orten gar nicht gestiegen ist. Doch am Nordpol ist es im Winter um bis zu 4 °C wärmer als in den 1950er-Jahren. Dadurch ist ein Teil des Eises geschmolzen. Und diese Möwe braucht das Eis zum Überleben.

### DEUTLICH GEMACHT

Eisbohrkerne verraten, dass der $CO_2$-Gehalt in den letzten 800 000 Jahren zwischen 180 und 300 Teilen pro Million Teile Luft (ppm) lag. Durch den Menschen ist der $CO_2$-Gehalt in der Luft stark gestiegen: 2023 lag er bei 423 ppm. Das ist mehr als je zuvor durch natürliche Veränderungen.

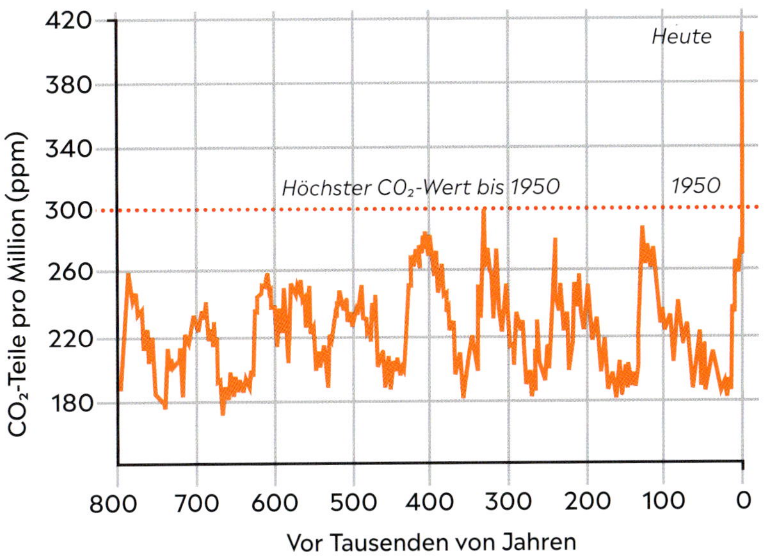

## Kohlenstoffspeicher

Bäume nehmen $CO_2$ auf und wandeln es in Zucker, Pflanzenfasern und Holz um. Im Holz wird Kohlenstoff gespeichert. Wenn der Baum verbrennt, gelangt der gespeicherte Kohlenstoff in die Luft. Wachsen neue Bäume auf einer abgebrannten Fläche nach, nehmen sie das freigesetzte $CO_2$ wieder auf. Das kann aber einige Zeit dauern, denn kleine Bäume nehmen nicht so viel $CO_2$ auf wie große.

**In Amazonien wird jedes Jahr eine Fläche abgeholzt, die so groß ist wie 1 Mio. Fußballfelder.**

## Brandrodung

Waldbrände sind Teil des Kohlenstoffkreislaufs (siehe S. 10). Das freigesetzte $CO_2$ kann von jungen Bäumen wieder aufgenommen werden. Wird ein Wald durch Brandrodung zerstört und es darf nichts nachwachsen, bleibt das $CO_2$ in der Luft. Das verstärkt den Treibhauseffekt.

# Wenn **Bäume brennen**

Es gibt zu viel $CO_2$ in der Luft, und das verstärkt den Klimawandel. Dieses $CO_2$ entsteht durch die Verbrennung von Stoffen, die viel Kohlenstoff enthalten, zum Beispiel Holz. Menschen verwenden Holz seit Tausenden von Jahren zum Heizen und Kochen. Je mehr Menschen auf der Erde lebten, desto mehr Brennholz wurde benötigt. Aber es werden heute auch riesige Wälder abgeholzt und verbrannt, um Land für Ackerbau, Viehzucht und Straßenbau zu gewinnen. Das geschieht vor allem in den Tropen. Dadurch kommt all das $CO_2$ in die Luft, das die Bäume während ihres Lebens aufgenommen haben.

## Zerstörung in den Tropen

Landwirte und große Unternehmen holzen den tropischen Regenwald ab, um Platz zu schaffen für Landwirtschaft, Viehweiden, neue Straßen und Siedlungen. Zwischen 1970 und 2020 wurden 17 % des Amazonas-Regenwalds abgeholzt. Dieses Luftbild zeigt eine abgeholzte Fläche in Brasilien. Der Platz wird verwendet, um Maniok anzubauen.

## Kahler Boden

Ein Waldboden enthält Gase wie $CO_2$. Werden Bäume gefällt, kommen diese Gase frei. In Indonesien besteht der Boden der Tieflandregenwälder oft aus feuchtem Torf. Wird der Wald abgeholzt, trocknet der Torf aus. Manchmal fängt er sogar Feuer und es wird noch mehr $CO_2$ freigesetzt.

So sieht es im indonesischen Regenwald nach einer Brandrodung aus.

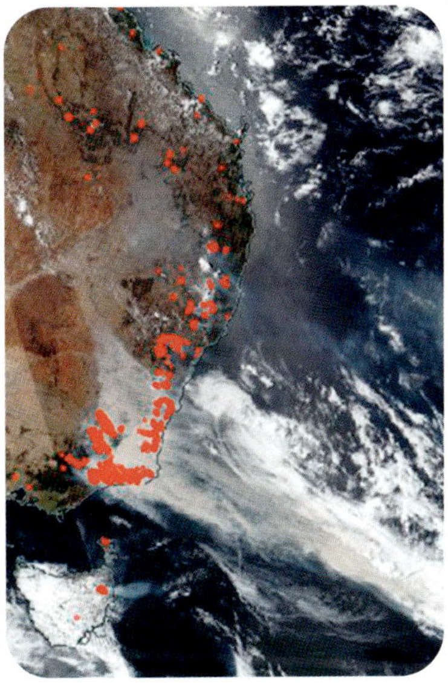

## Rauch und Ruß

2019 und 2020 gab es in Australien riesige Waldbrände (rote Punkte auf dem Bild). Rauchwolken verdunkelten den Himmel. Der Rauch besteht aus Gasen wie $CO_2$ und Ruß. Diese bilden mit Wasserdampf Wolken. Sie strahlen das Sonnenlicht zurück. Und das führt zu Abkühlung. Aber das $CO_2$ bleibt lang in der Luft und verstärkt den Treibhauseffekt.

## $CO_2$-neutral

Wenn genauso viele Bäume nachwachsen wie gefällt werden, ist Holz als Brennstoff „$CO_2$-neutral". Das gilt auch, wenn Äste von einem Baum abgeschnitten werden, sodass neue Triebe sprießen können. Das neu gewachsene Holz nimmt das $CO_2$ auf, das beim Verbrennen des abgeschnittenen Holzes freigesetzt wird.

# Kohle, **Öl und Gas**

Lange war Holz der wichtigste Brennstoff. Im 18. Jahrhundert begann man, Kohle abzubauen. Denn Kohle liefert mehr Energie als Holz. Dank der Kohle entstanden moderne Industrien, Eisenbahnen und Dampfschiffe. Später wurden Erdöl und Erdgas als Brennstoffe für Autos, LKWs und Flugzeuge genutzt. Gas und Kohle werden auch verwendet, um Strom zu erzeugen. Diese fossilen Brennstoffe enthalten viel Kohlenstoff. Bei der Verbrennung bilden sich Treibhausgase.

## Abbau von Steinkohle

Kohle liegt oft so nah an der Erdoberfläche, dass sie im Tagebau, also von der Oberfläche aus, gewonnen werden kann. Das passiert mit Maschinen, die riesige Löcher in den Boden graben. Liegt die Kohle aber tiefer, müssen erst Schächte und Tunnel gebaut werden. Darin arbeiten dann Bergleute mit speziellen Maschinen.

## Industrielle Revolution

Kohle hat das Leben der Menschen verändert. Sie lieferte mehr Energie als Holz und ließ sich leichter transportieren. Daher entstanden viele Unternehmen, die mithilfe von Kohle Dinge herstellten. Da sie Arbeitskräfte brauchten, wuchsen die Städte und Menschen verließen die Dörfer. So bildete sich die moderne Gesellschaft, aber es führte auch zu großer Luftverschmutzung.

## Gespeicherte Sonnenenergie

Fossile Brennstoffe sind die Reste von Organismen, die begraben wurden, bevor sie zerfallen konnten. Kohle besteht aus Pflanzen. Deshalb enthält sie Kohlenhydrate, die diese mithilfe von Sonnenenergie produziert haben. Kohle ist also gespeicherte und gepresste Sonnenenergie.

**RÜCKBLICK**

**Der dichte Smog von 1952**

Bei der Verbrennung von Kohle entstehen Rauch und Schadstoffe. Vermischen sich diese mit Wasserdampf, bildet sich ein rauchiger Nebel, Smog genannt. 1952 hing fünf Tage lang ein so dichter Smog über London, dass bis zu 12 000 Menschen daran starben. Daraufhin wurde die Verwendung von Kohle eingeschränkt.

## Bohren nach Öl

Die erste Ölquelle der Welt wurde 1847 in Baku (Aserbaidschan) am Kaspischen Meer angezapft. Aber erst zu Beginn des 20. Jh. entstand eine Ölindustrie. Damals gelang es, Öl als Treibstoff für Autos in Benzin umzuwandeln. Heute werden Öl und Gas auf der ganzen Welt gefördert, sowohl an Land als auch auf dem Meer. Auf dieser Bohrinsel im norwegischen Teil der Nordsee wird Öl vom Meeresboden nach oben gepumpt.

**Erdölfeld Johan Sverdrup (Norwegen)**

## Öl und Gas

Öl ist ein Kohlenwasserstoff. Das ist eine organische Verbindung aus Wasserstoff und Kohlenstoff. Öl kommt in Gestein auf Meeresböden vor. Es besteht aus den Überresten von Meeresplankton wie diesen winzig kleinen Kieselalgen. Diese wurden genauso begraben und zusammengepresst wie die Pflanzen, aus denen Kohle entsteht. Erdgas bildet sich auf die gleiche Art und besteht auch aus Kohlenwasserstoff.

## Freisetzung von Energie

Bei der Verbrennung von fossilen Brennstoffen wie Kohle entsteht nicht nur Wärme, sondern auch $CO_2$. Das beschleunigt den Kohlenstoffkreislauf (siehe S. 10). Denn es werden große Mengen an uraltem Kohlenstoff freigesetzt, die sonst gespeichert bleiben würden. Das $CO_2$ strömt schneller in die Atmosphäre, als es wieder aufgenommen werden kann. Und mehr $CO_2$ in der Luft verstärkt den Treibhauseffekt.

## Flugreisen

Düsenflugzeuge stoßen große Mengen an Treibhausgasen wie $CO_2$ und Stickstoffoxiden aus. Kurzstreckenflüge sind besonders schlecht für das Klima. Denn dabei arbeiten die Triebwerke fast pausenlos mit voller Kraft, um an Höhe zu gewinnen.

# Brennstoff**hunger**

Unsere moderne Gesellschaft kann ohne fossile Brennstoffe nicht funktionieren. Wir brauchen sie für den Verkehr, für die Industrie und fürs Heizen. Außerdem nutzen wir sie, um Strom zu erzeugen. Aus Erdöl werden auch Kunststoffe hergestellt, zum Beispiel für Verpackungen oder Computer. Weil wir so viele fossile Brennstoffe verwenden, gelangt jede Menge $CO_2$ in die Atmosphäre. Das verstärkt den Treibhauseffekt und sorgt für die Erderwärmung.

### Straßenverkehr

Fast alle Autos werden mit Kraftstoffen aus Kohlenstoff (Benzin und Diesel) betrieben. Sie werden aus Erdöl hergestellt. Vor allem schwere Autos mit großen Motoren verbrauchen viel Kraftstoff. Da Autos so beliebt sind, gibt es auf der Welt viel zu viele.

### Computerzeitalter

Computer bestimmen unseren Alltag, nichts geht ohne sie. Banken, Unternehmen und Behörden sind auf Computer angewiesen. Auch Verkehrsleitzentralen wie auf dem Bild nutzen sie. Computer brauchen aber Strom.

### Energiehunger

Es braucht riesige Mengen an Kohle, um Strom zu erzeugen. Dieses Kohlekraftwerk in den USA verbrennt jeden Tag mehr als 14 000 Tonnen Kohle. Damit erzeugt es Strom für 700 000 Haushalte. 140 riesige Güterwaggons sind nötig, um so viel Kohle aufzunehmen.

Bei einem Flug von über 300 km wird bis zu **12-mal so viel $CO_2$ pro Passagier** ausgestoßen wie bei einer gleich langen Fahrt mit der Bahn.

## KRAFTWERKE

Um Strom zu erzeugen, werden oft noch fossile Brennstoffe genutzt. Dazu wird Brennstoff in einem Kraftwerk verbrannt. Mit dem heißen Rauch wird Wasser in einem Kessel so lange erhitzt, bis es verdampft. Der Dampf gelangt in eine Turbine, die einen Stromgenerator antreibt. Danach kühlt der Dampf ab und gelangt als Wasser wieder in den Kessel.

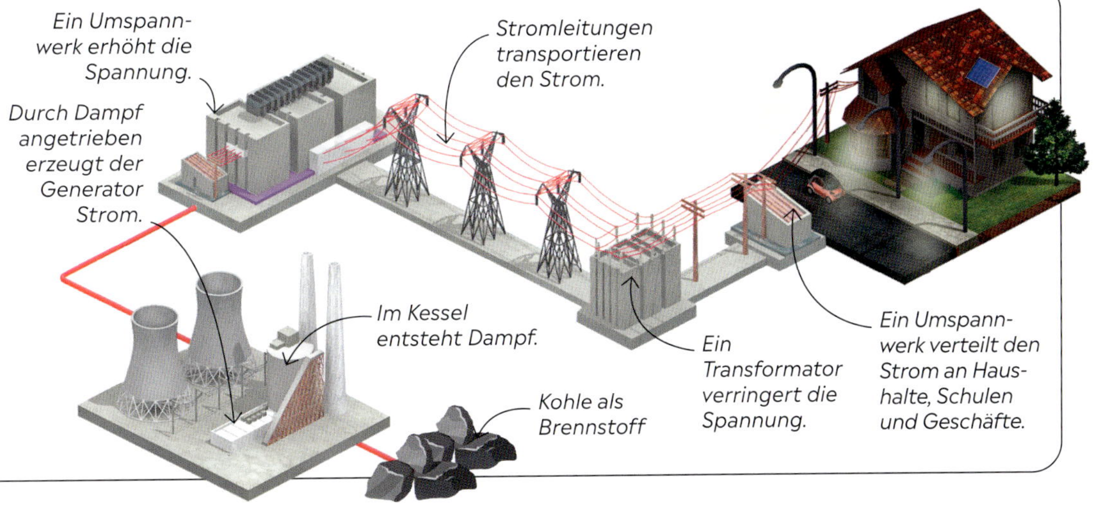


## Nahrung aus der Ferne

Viele Lebensmittel kommen aus dem Ausland. Bananen etwa wachsen nur in tropischem Klima. Damit wir sie essen können, werden sie mit Flugzeugen oder Schiffen zu uns gebracht. Für den Transport von Lebensmitteln wird viel Kraftstoff benötigt.

## Transport mit der Bahn

Für die Bahn sind fossile Brennstoffe ebenfalls wichtig. Lokomotiven werden oft mit Diesel oder mit Diesel und Strom betrieben. Der Strom für elektrische Züge kommt heute vor allem aus erneuerbaren Energien. Nur verbraucht ein Dieselzug für die gleiche Last weniger Kraftstoff als LKWs.

## Heizung

In Deutschland haben fast alle Häuser eine Zentralheizung. Meistens wird sie mit Gas, Öl oder Strom betrieben. Oft wird Gas auch zum Kochen verwendet. Heute wird etwa die Hälfte des Stroms ohne fossile Brennstoffe erzeugt. Dadurch kommt weniger $CO_2$ in die Atmosphäre, was gut für das Klima ist.

# Noch mehr **Ursachen**

Die Abholzung der Wälder und die Nutzung fossiler Brennstoffe sind nicht die einzigen Ursachen für den Klimawandel. Andere Dinge in unserem modernen Leben führen auch zu mehr Kohlendioxid ($CO_2$) und anderen Treibhausgasen wie Methan, Lachgas und FCKW (Fluorchlorkohlenwasserstoffe) in der Atmosphäre. Sie werden in kleineren Mengen ausgestoßen als $CO_2$. Aber die Folgen sind schlimmer, weil sie stärker wirken.

## Zement

Zement wird aus Kalkstein hergestellt. Erst wird der Stein zu Pulver gemahlen und danach auf etwa 1450 °C erhitzt. Bei beiden Vorgängen werden große Mengen an $CO_2$ freigesetzt. Da Zement sehr schwer ist, verbraucht auch der Transport viel Kraftstoff. So gelangt bei Herstellung und Transport von 1 kg Zement etwa 1 kg $CO_2$ in die Atmosphäre.

## Reisanbau

Das auf der Erde freigesetzte Methan stammt zu 10–15 % von Reisfeldern. Reis wächst nur auf überschwemmten Böden. Die Reispflanzen setzen Kohlenstoff frei, der von Bakterien im Boden in Methan umgewandelt wird.

## Lachgas

Lachgas (oder Distickstoffoxid) kommt zwar selten vor, ist aber etwa 300-mal so stark wie $CO_2$. Dieses Gas wird von Bakterien im Boden produziert. Auf nackten Böden entsteht sogar die doppelte Menge. Lachgas entweicht auch aus dem Kunstdünger, den Landwirte auf ihren Feldern ausbringen.

### WÄRMENDE GASE

Diese Grafik zeigt, wie hoch der Anteil jedes von Menschen verursachten Treibhausgases ist. Zu diesen wärmenden Gasen gehören: Kohlendioxid ($CO_2$), Methan ($CH_4$), Lachgas ($N_2O$) und künstliche Gase wie FCKW. Auch Ozon (hier nicht zu sehen) zählt dazu. Es entsteht durch Umweltverschmutzung.

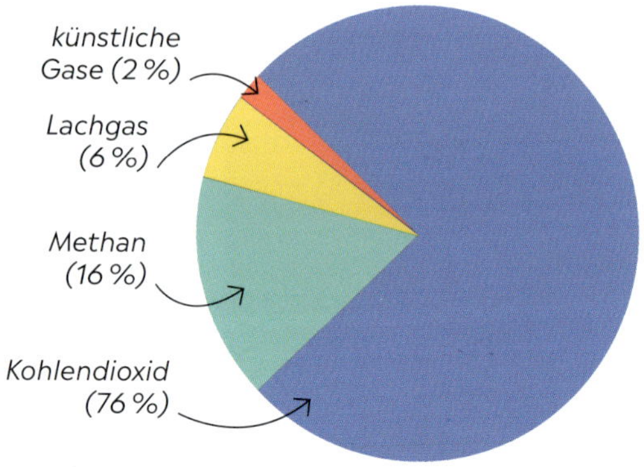

## Viehzucht

Weil viele Menschen gerne Rindfleisch essen, hat die Rinderzucht stark zugenommen, vor allem in den Tropen. Heute ist sie für 9 % aller Treibhausgase verantwortlich. Dabei wird vor allem Methan freigesetzt, das Rinder bei der Verdauung ausstoßen.

Burger mit Rindfleisch

## Rückstrahlung

Der Ruß in der Luft gelangt auch zum Nordpol (Arktis). Dort färbt er den Schnee und das Eis dunkler. Dadurch wird weniger Sonnenlicht zurückgestrahlt und mehr Wärme aufgenommen. Die Temperatur steigt und das Eis schmilzt.

## Aerosole

Manche schädlichen Stoffe bilden Wolken aus kleinen Teilchen („Aerosole"). Diese werfen die Sonnenstrahlen zurück oder nehmen sie auf. Dadurch wird die Energie weniger. Diese Wolken verringern den Treibhauseffekt. Nimmt die Luftverschmutzung ab, steigt die Erderwärmung noch.

## FCKW

Einige künstliche Gase sind als starke Treibhausgase bekannt. Dazu gehören die FCKW. Früher wurden sie als Kühlmittel in Kühlschränken verwendet. Wird ein alter Kühlschrank entsorgt, muss das Gas erst vorsichtig entfernt werden. Denn sonst gelangt es in die Atmosphäre.

## Mülldeponie

Die Menschen in den Industrieländern erzeugen riesige Mengen an Müll. Ein Teil wird verbrannt, wodurch $CO_2$ und andere schädliche Gase freigesetzt werden. Viel Abfall landet auf Mülldeponien. Dort bauen Bakterien Lebensmittelabfälle und Reste von Pflanzen und Tieren ab. Sie geben den Kohlenstoff als Methan, ein starkes Treibhausgas, an die Luft ab. Und so tragen auch Mülldeponien zur Erderwärmung bei.

# Hitze
# und Dürre

Daten über das Wetter und Klima aus der Vergangenheit und Gegenwart verraten, wie stark sich die Erde erwärmt hat. In vielen Teilen der Welt ist der Klimawandel heute unübersehbar. Hitzewellen lassen die Temperaturen gefährlich ansteigen. Durch Dürren wird das Trinkwasser knapp. Ernten vertrocknen, Nutztiere sterben und fruchtbares Land verwandelt sich in Wüsten. Und diese extremen Hitze- und Trockenzeiten gibt es immer öfter.

## Dürre und Hungersnot

Menschen, die am Rand einer Wüste leben, hoffen auf etwas Regen für ihre Feldfrüchte und Tiere. Wenn sich das Klima verändert, bleibt oft der Regen aus. Dann vertrocknet die Ernte und die Tiere sterben wie hier in Südäthiopien. Haben die Menschen dann nichts zu essen, droht eine Hungersnot.

## Waldbrände

Bei Trockenheit steigt die Gefahr für Waldbrände. In manchen trockenen Regionen gibt es immer wieder Brände, mit denen viele Pflanzenarten zurechtkommen. Im Amazonas-Regenwald ist das anders. Dort haben Dürre und Abholzung den Waldboden austrocknen lassen. So wüten nun Brände, wo es sie nie gab.

## Hitzewellen

Wenn es lange Zeit sehr heiß ist, spricht man von einer Hitzewelle. Solche Phasen gibt es immer häufiger. In Deutschland war der Sommer 2023 der heißeste seit Beginn der Wetteraufzeichnungen. Auch der September 2023 geht als wärmster Monat in die Geschichte ein. Vielerorts wurden Temperaturen von über 30 °C gemessen.

## Ausgetrocknete Flüsse

Regnet es wenig, trocknen Flüsse aus. Im Jahr 2005 erlebte der Fluss Amazonas die schlimmste Dürre seit 40 Jahren. Viele seiner Nebenflüsse vertrockneten. Im Rio Negro, einem wichtigen Nebenfluss, stand das Wasser so niedrig wie noch nie seit 1902.

## Wüstenbildung

Ohne Regen verwandeln sich Böden in Staub. Schlechte Anbaumethoden können das beschleunigen. Abholzung, zu viele Weidetiere und Wind führen dazu, dass sich die Wüste Gobi in Zentralasien ausbreitet. Staubstürme ziehen von dort nach China und in die Mongolei.

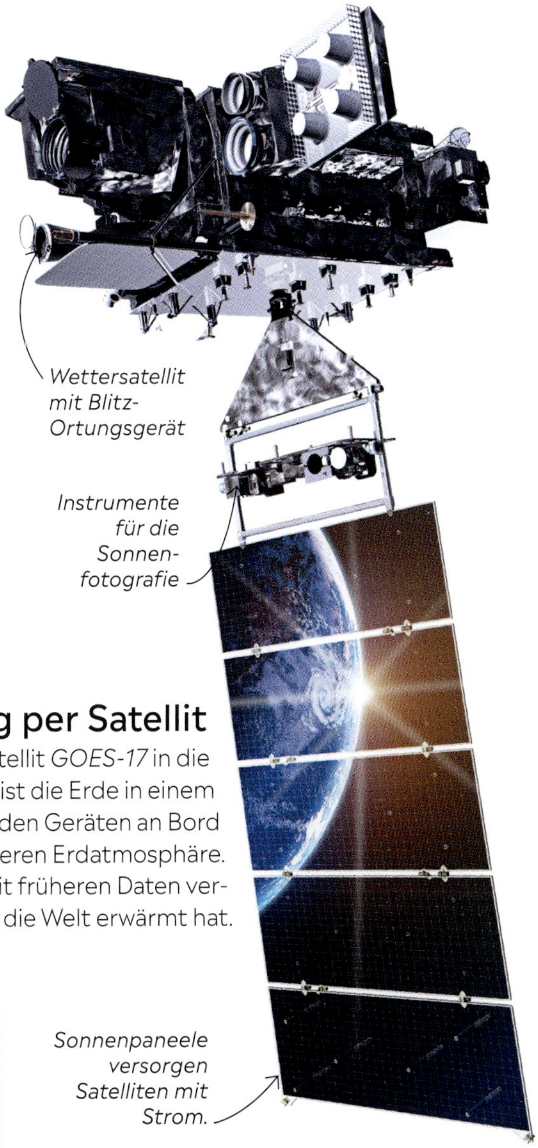


## Überwachung per Satellit

Im März 2018 wurde der Umweltsatellit *GOES-17* in die Erdumlaufbahn gebracht. Er umkreist die Erde in einem Abstand von fast 36 000 km. Mit den Geräten an Bord beobachtet er das Wetter in der unteren Erdatmosphäre. Die Daten des Satelliten werden mit früheren Daten verglichen. So weiß man, wie stark sich die Welt erwärmt hat.

**Menschen suchen während der Hitzewelle 2019 Abkühlung in den Trocadéro-Gärten in Paris.**

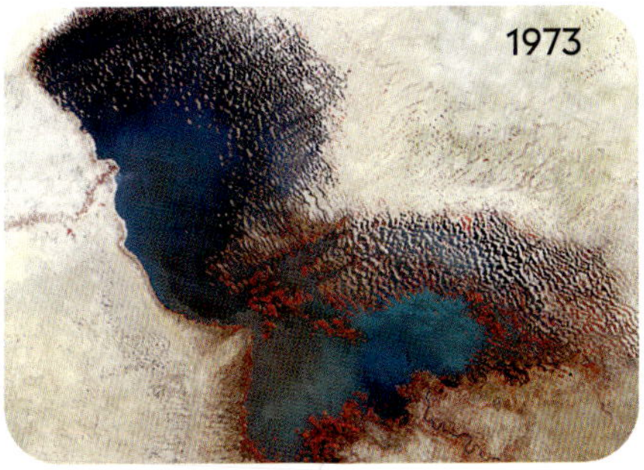


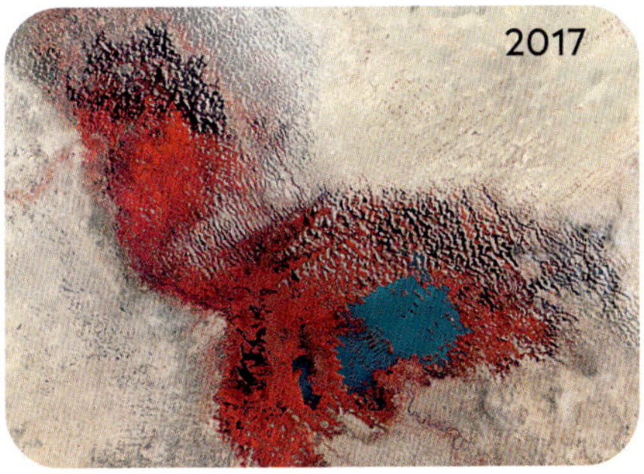


## Schrumpfende Seen

Durch Hitze verdunstet Wasser und trocknen Böden aus. Dadurch sinkt auch der Grundwasserspiegel und Wasser fließt aus den Seen ab. Dies wird noch schlimmer, wenn Wasser zum Bewässern genutzt wird. In den 1960er-Jahren war der Tschadsee in Afrika riesig. Durch den Klimawandel und Bewässerung ist er um 90 % geschrumpft.

### RÜCKBLICK

**Folgen für die Menschen**

Im Jahr 2010 erlebte Russland die schlimmste Hitzewelle seit 130 Jahren. Bei Temperaturen bis zu 44 °C brachen viele Waldbrände aus. Ein dichter Smog legte sich über die Hauptstadt Moskau (siehe Bild). Manche Leute trugen als Schutz Masken. Dennoch starben 56 000 Menschen.

# Tauendes **Eis**

In kalten Klimazonen wird Schnee zu Eis zusammengepresst. So entstehen Gebirgsgletscher und polare Eisschilde. Auch die Ozeane in der Nähe der Pole frieren im Winter stellenweise zu. Dieses Eis heißt Schelfeis. Am Nordpol bricht das Schelfeis mittlerweile auseinander und schrumpft. Die Gebirgsgletscher schmelzen und ziehen sich zurück.

## Grönland

Fast ganz Grönland ist von einem Eisschild bedeckt. Es ist in der Mitte mehr als 3 km dick. Aber dieses Eis wird mit jedem Sommer dünner. Auch die Gletscher schmelzen heute schneller und fließen ins Meer. Immer öfter brechen Eisberge ab und schmelzen. Beide Vorgänge lassen den Meeresspiegel ansteigen.

## Immer schneller

Weil das Meereis weiß ist, wirft es Sonnenlicht größtenteils zurück. Das passiert nicht, wenn das Eis schmilzt und zu dunklem Wasser wird. Wasser nimmt die Energie der Sonne auf und erwärmt sich. Und so schmilzt noch mehr Meereis. Dies wird positive Rückkopplung genannt (siehe S. 13). Genau das geschieht zurzeit.

## Tauender Permafrost

Auf der Nordhalbkugel ist ein Viertel des Bodens unterhalb der Oberfläche ständig gefroren. Man spricht da von Permafrost. Im Winter ist auch die Schicht darüber gefroren, im Sommer taut sie auf. So entstehen große Sumpfgebiete, weil das Wasser nicht versickert. In der Niederarktis wird diese Schicht immer dicker, weil der Permafrost auftaut.

## Gletscher auf dem Rückzug

An den Polen fließen viele Gletscher bis zum Meer. Dort bricht Eis ab und es bilden sich Eisberge. Aber viele Gletscher aus hoch gelegenen, kalten Bergtälern erreichen das Meer gar nicht mehr. Sie verwandeln sich schon vorher in Ströme und Seen aus Schmelzwasser. Steigen die Temperaturen, tauen Gebirgsgletscher unten immer weiter ab. So ziehen sie sich bergauf zurück, wo es kälter ist.

**2002**
Briksdal-Gletscher (Norwegen)

**2018**
Briksdal-Gletscher (Norwegen)

## Schrumpfendes Meereis

Im Winter ist der größte Teil des Nordpolarmeers mit einer bis zu 3 m dicken Eisschicht bedeckt. Dieser Teil ist etwa 9,5 Mio. km² groß. Früher ist im Sommer etwa die Hälfte dieser Fläche geschmolzen und der Rest war gefroren. Seit 1979 ist die Fläche, die im Sommer noch eisbedeckt ist, auf etwa 2,7 Mio. km² geschrumpft.

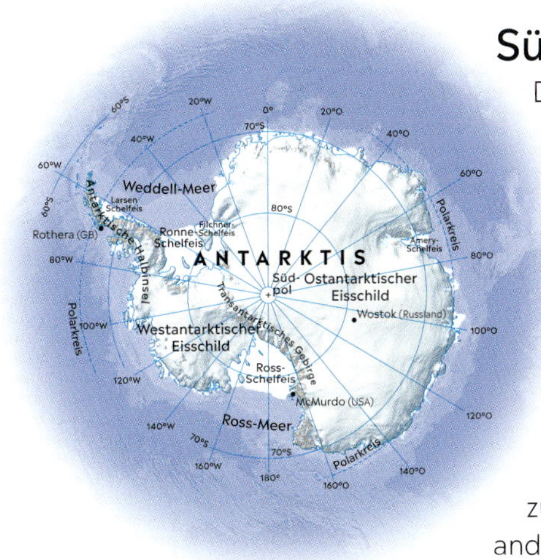


## Südpol (Antarktis)

Der Südpol ist von einem riesigen Eisschild bedeckt. Dieser ist bis zu 4,5 km dick und etwa 14 Mio. km² groß. Im Osten wächst der Eisschild, aber im Westen schrumpft er. Am schnellsten schmilzt das Eis auf der Antarktischen Halbinsel im Nordwesten. Dort ist die durchschnittliche Temperatur seit 1951 um bis zu 3 °C gestiegen, viel mehr als anderswo auf der Erde.

### RÜCKBLICK

**Tiefgefrorener Vorfahre**

Im Jahr 1991 fanden zwei deutsche Touristen in einem Gletscher in den Ötztaler Alpen (Italien) die Leiche eines Mannes. Es stellte sich heraus, dass dieser „Ötzi" 5300 Jahre im Gletschereis gelegen hatte, bis das Eis geschmolzen ist.

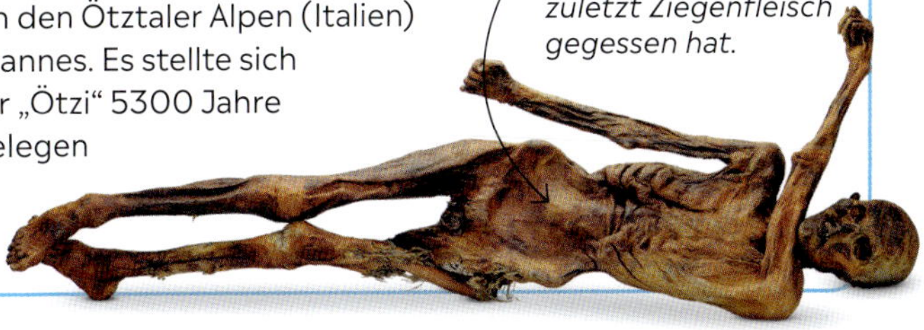

*Untersuchungen ergaben, dass Ötzi zuletzt Ziegenfleisch gegessen hat.*

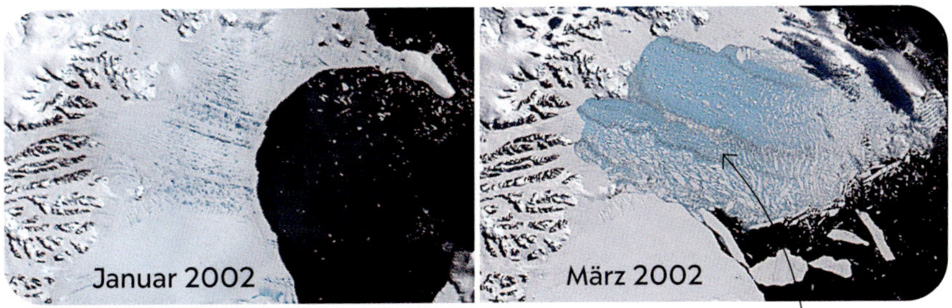


*Tausende Eisberge treiben auf den Ozean hinaus.*

## Das Schelfeis bricht

Nach mehreren warmen Sommern brach im Jahr 2002 das Larsen-B-Schelfeis am Südpol rasch ab. Satellitenbilder zeigten, dass eine riesige Eisfläche in Tausende von Eisbergen zerbrochen war.

# Erwärmung der **Ozeane**

Da die Ozeane sehr tief sind, haben sie sich bisher noch nicht so stark erwärmt wie die Landflächen. Aber selbst wenn der Ausstoß von Treibhausgasen heute aufhören würde, würden die Ozeane weiterhin wärmer werden. Da warmes Wasser sich ausdehnt, steigt der Meeresspiegel an. Und der steigt auch schon, weil am Nord- und Südpol riesige Meereisflächen schmelzen.

**Seit 1971 haben die Ozeane 90 % der überschüssigen Wärme durch den $CO_2$-Ausstoß aufgenommen.**

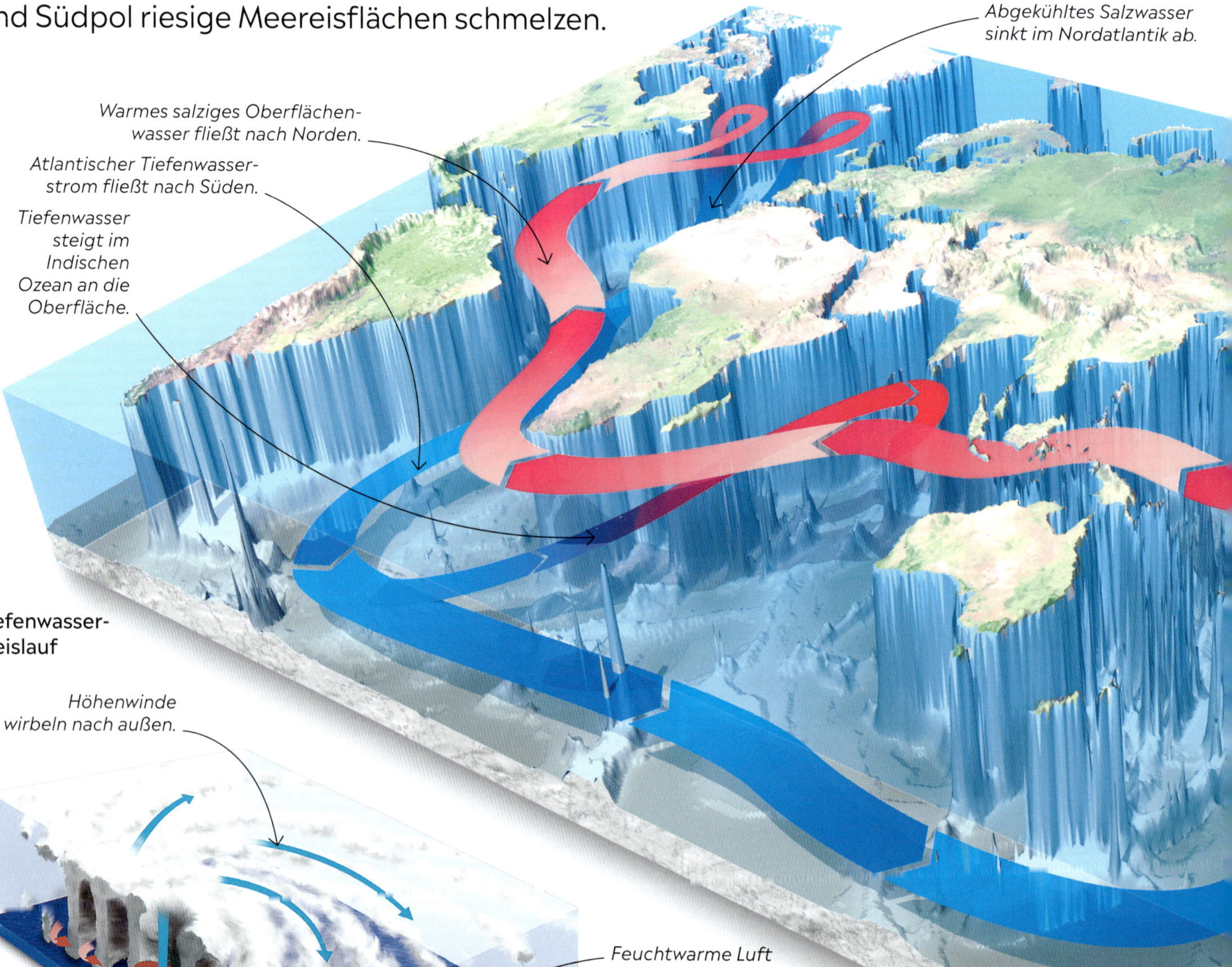


Tiefenwasserkreislauf

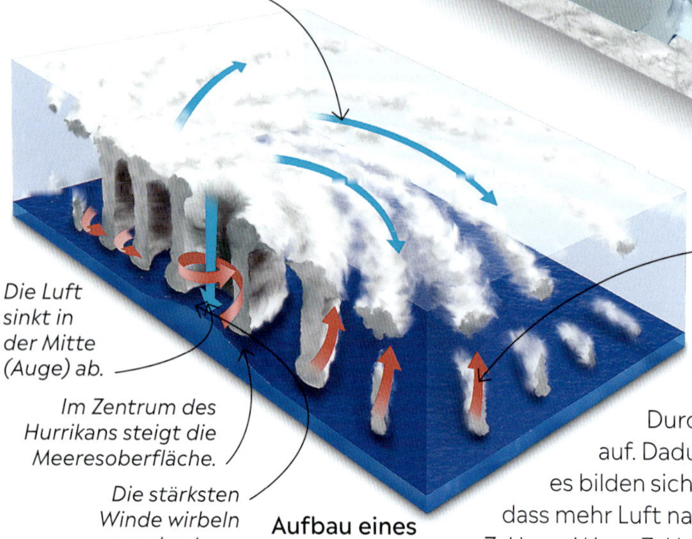


Aufbau eines Wirbelsturms

## Wirbelstürme und Zyklone

Durch die Wärme der Sonne steigt feuchtwarme Luft auf. Dadurch sinkt der Druck auf der Wasseroberfläche und es bilden sich dichte Wolken. Der niedrige Druck sorgt dafür, dass mehr Luft nachströmt und sich im Kreis dreht. So entstehen Zyklone. Wenn Zyklone sich zu Wirbelstürmen auswachsen und das Land erreichen, richten sie oft große Schäden an.

## RÜCKBLICK

**Städte unter Wasser**
Im März 2019 traf der Zyklon Idai das afrikanische Land Mosambik. Windböen mit einer Geschwindigkeit von bis zu 230 km/h und extreme Regenfälle führten zu Überflutungen und großen Schäden. Viele Menschen starben.

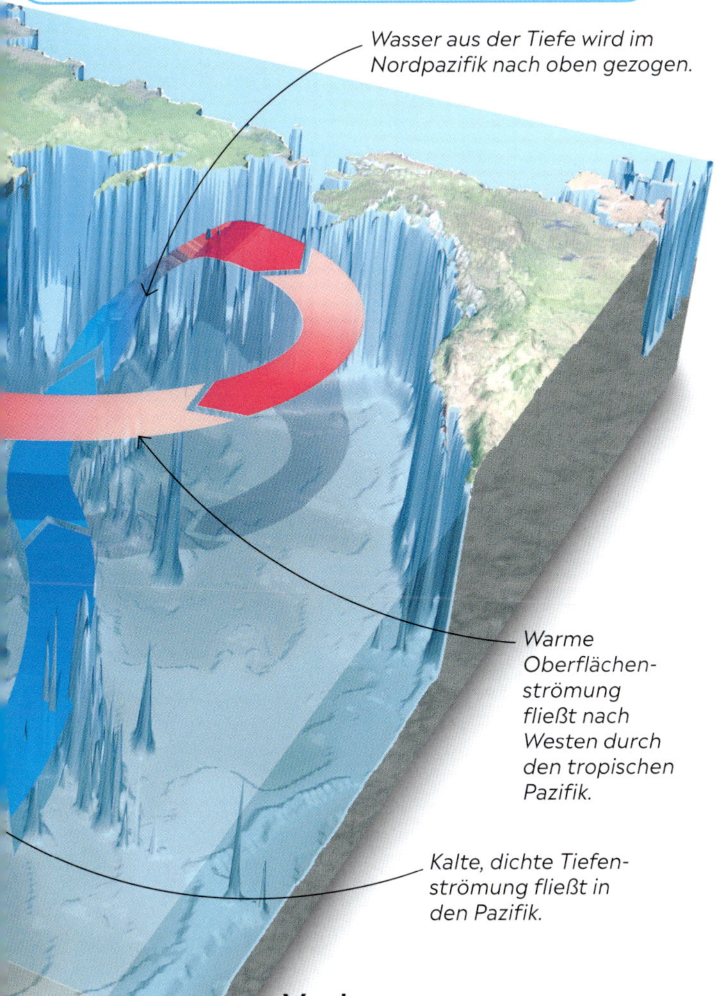


## Verlangsamung

Meereis und Gletscher schmelzen und Permafrostböden tauen auf. Dadurch strömt viel Süßwasser in die Ozeane und sie sind weniger salzhaltig. Das verändert die Meeresströmungen (siehe Grafik). So könnte das Nordatlantische Tiefenwasser in diesem Jahrhundert um etwa 50 % langsamer werden. Das beeinträchtigt den Wasserkreislauf auf der Erde.

## Das Wasser steigt

Wenn Ozeane sich erwärmen, dehnen sie sich aus. Dann steigt der Meeresspiegel leicht an. Messgeräte wie dieses in der Nordsee zeigen aber einen starken Anstieg an. Die Ursache dafür ist schmelzendes Eis. Der Meeresspiegel wird noch mindestens 1000 Jahre steigen, auch wenn wir ab heute keine Treibhausgase mehr ausstoßen würden.

## Schmelzwasser

Wenn Gletscher (rechts) und Eisschilde schmelzen, steigt der Meeresspiegel an. Das passiert aber nicht, wenn Eis im Wasser schmilzt. Denn das Eis befindet sich schon im Ozean und verändert sich nur von fest in flüssig. Schmilzt das Eis aber an Land (Gebirgsgletscher), fließt dieses Wasser in den Ozean.

## Kohlenstoffsenke

Fast ein Drittel des $CO_2$ in der Luft nehmen die Ozeane auf. Deshalb nennen wir sie Kohlenstoffsenke. Ein Großteil davon schlucken Plankton und Algen. Da in warmen Ozeanen weniger Plankton lebt, bleibt mehr $CO_2$ im Wasser. Das stürmische Südpolarmeer (rechts) schluckt allein 40 % des gesamten $CO_2$, das die Ozeane aufnehmen.

## Überflutung

Schon heute überflutet das steigende Wasser des Ozeans die Koralleninseln von Tuvalu im Pazifik. Die Inseln liegen nur 2–3 m über dem Meeresspiegel. Bei höherer Flut schwappen die Wellen weit landeinwärts. Dann überschwemmt Salzwasser Häuser, Brunnen und Ackerland. Irgendwann werden die 11 000 Einwohner ihre Inseln verlassen müssen.

# Meeres**forschung**

Ozeane sind von großer Bedeutung für das Klima auf unserer Erde. Täglich sammeln Wissenschaftler Daten, um unser Wissen über das Klima zu verbessern. Die Daten zeigen auch, welchen Einfluss die Ozeane und die Atmosphäre auf den Klimawandel haben. Viele dieser Daten werden mit hochmodernen Geräten gewonnen. Zum Beispiel mit Sensoren auf automatischen Bojen, kleinen Tauchbooten und Satelliten.

## Forschungsschiff

Mit Schiffen untersuchen Wissenschaftler die Ozeane und das Klima. Das britische Polarforschungsschiff *RRS Sir David Attenborough* zählt zu den modernsten der Welt. Es ist seit 2020 in Betrieb und kann 30 Besatzungsmitglieder und 60 Wissenschaftler aufnehmen. Es verfügt über genug Treibstoff, um 60 Tage auf See zu bleiben. Mit seinem Bug kann es Eisschollen durchbrechen.

*Das ferngesteuerte Unterwasserfahrzeug ist 3,6 m lang. Es kann 1000 km zurücklegen und 20 Tage unter Wasser bleiben.*

## Unter Wasser

*Boaty McBoatface* ist ein unbemanntes Unterwasserfahrzeug und befindet sich an Bord der *RRS Sir David Attenborough*. Es ist für die Forschung unter dem schwimmenden Meereis in den Polarregionen gebaut. Es kann bis zu 6000 m tief tauchen.

## Zustand der Riffe

Dieser Taucher entnimmt eine Probe von einer Koralleninsel im Pazifik. So kann das Wachstum des Korallenriffs bestimmt werden. Anhand solcher Proben wird untersucht, wie sich das Meeresklima und der Meeresspiegel mit der Zeit verändert haben.

## Meeresleben

Plankton nimmt einen Großteil des $CO_2$ aus der Luft auf. Es verwandelt es in Nahrung für andere Meeresbewohner. Mit Satelliten beobachten Wissenschaftler, wie das Plankton in den Ozeanen verteilt ist und wie es auf den Klimawandel reagiert.

**Satellitenbild einer Algenblüte (in Grün) in der Ostsee**

## Daten aus der Tiefe

Meeresströmungen beeinflussen das Klima stark, weil sie die Wärme über die Erde verteilen. Mit diesen Behältern werden Wasserproben aus verschiedenen Tiefen entnommen. So bestimmen Forscher die Temperatur und die Zusammensetzung des Wassers. Das verrät ihnen, ob und wie sich die Strömungen verändern.

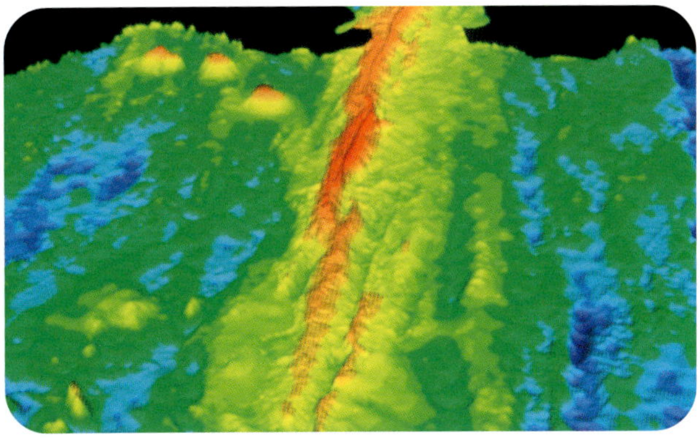

## Schall

Mithilfe von Schallsignalen erstellen Forscher 3D-Karten vom Meeresboden. Außerdem können sie damit kalte und warme Meeresströmungen in den Ozeanen erkennen. So lassen sich Veränderungen festhalten, die mit der Erderwärmung zusammenhängen könnten.

## Messungen

Die Atmosphäre und die Ozeane beeinflussen sich gegenseitig. Aber wie? Das wollen Klimaforscher genau wissen. Dafür nutzen sie zum Beispiel schwimmende Forschungsbojen. Diese sammeln Daten wie Luft- und Wassertemperatur, Windgeschwindigkeit und Luftdruck und übertragen sie an das Forschungsschiff.

# Veränderung **durch Wärme**

Die Tier- und Pflanzenwelt passt sich an Veränderungen an. Das nennt man Evolution. Aber das gelingt nicht allen Pflanzen und Tieren. Manche sterben sogar aus. Dafür breiten sich andere Arten aus, weil sie sich angepasst und bestimmte Eigenschaften entwickelt haben. Dass in der letzten Zeit einige Wildtiere aussterben, könnte bedeuten, dass wir am Anfang einer großen Veränderung stehen.

## Gestörtes Gleichgewicht

Der Klimawandel stört das Gleichgewicht der Natur. Heute schlüpfen manche Schmetterlinge im Frühjahr bereits zwei Wochen früher. Wenn die Zugvögel aus Afrika zurückkehren, finden sie dann keine Raupen und Puppen als Nahrung für ihre Jungen..

## Erste Opfer

Im Jahr 1966 wurde in den Wäldern Costa Ricas die Goldkröte entdeckt. 1991 galt sie als ausgestorben. Durch die wärmeren Nächte wurde der Nachwuchs von einer tödlichen Pilzkrankheit befallen. Als die erwachsenen Kröten starben, nahm niemand ihren Platz ein.

## Seevögel in Gefahr

Für die Nahrungskette in den Ozeanen ist Plankton sehr wichtig. Fische essen Plankton und Seevögel Fische. Da in wärmeren Ozeanen weniger Plankton gedeiht, gibt es auch weniger Fische. Finden diese Trottellummen keine Nahrung für ihre Jungen, werden diese sterben.

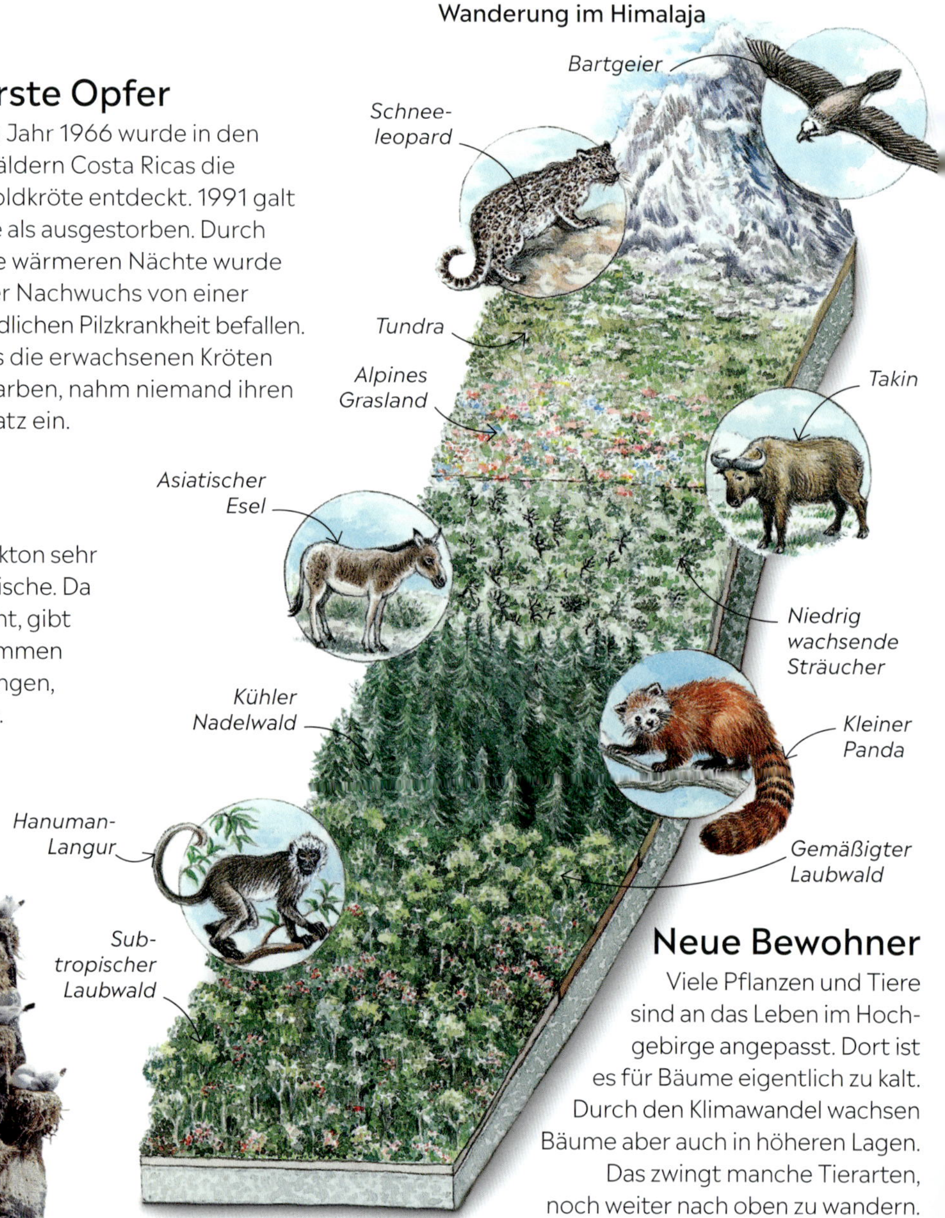


## Neue Bewohner

Viele Pflanzen und Tiere sind an das Leben im Hochgebirge angepasst. Dort ist es für Bäume eigentlich zu kalt. Durch den Klimawandel wachsen Bäume aber auch in höheren Lagen. Das zwingt manche Tierarten, noch weiter nach oben zu wandern.

## Saure Ozeane

Wenn es regnet, landet $CO_2$ aus der Luft als Kohlensäure im Wasser. Das passiert auch, wenn Ozeane $CO_2$ aus der Luft aufnehmen. Das Wasser wird dadurch saurer, also weniger alkalisch. Das schadet aber Meerestieren wie diesem Hummer. Er braucht alkalische Mineralien aus dem Wasser, um einen kräftigen Panzer zu bilden.

*Eine kräftige Schere braucht einen starken Panzer.*

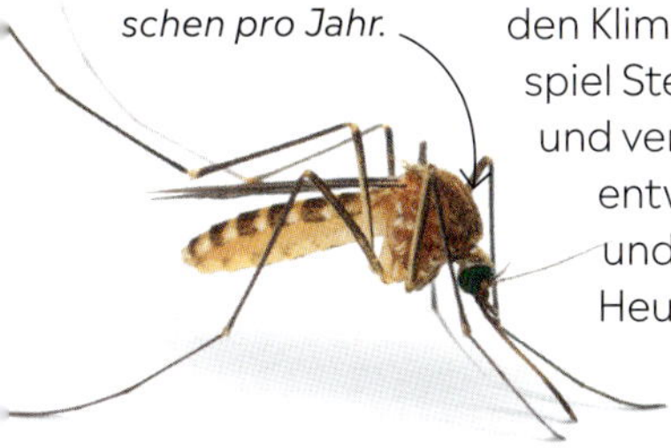

*Malariamücken töten mehr als 400 000 Menschen pro Jahr.*

## Anpassungsfähig

Einige Tierarten haben sich schon an den Klimawandel angepasst. Zum Beispiel Stechmücken. Sie leben nur kurz und vermehren sich schnell. Daher entwickeln sie sich schnell weiter und erobern neue Lebensräume. Heute bringen sie Krankheiten wie Malaria in Länder, in denen es ihnen früher zu kalt war.

**Eine Taucherin untersucht gebleichte Korallen in Moorea (2019, Französisch-Polynesien).**

## Gefährdete Korallenriffe

Bunte Korallenriffe sind die Heimat vieler Meeresbewohner. Weil das Meerwasser wärmer wird, breiten sich Bakterien aus, die die Korallen weiß werden lassen (Korallenbleiche). Schlimmstenfalls sterben die Korallen sogar ab. Seit 2016 ist fast die Hälfte der Korallen am Great Barrier Reef in Australien tot.

# Die Not der **Eisbären**

Der Klimawandel bedroht die Tiere, die auf dem Eis am Nordpol jagen oder brüten. Denn die Eisfläche schrumpft von Jahr zu Jahr. Bis 2070 oder sogar schon früher könnte es im Sommer dort gar kein Eis mehr geben. Am stärksten gefährdet ist dabei der Eisbär. Verschwindet das Eis, verschwindet auch der Bär.

## Weniger Eis

Durch den Klimawandel sind Teile des Nordpolarmeers nicht das ganze Jahr gefroren. Eisbären müssen weite Strecken schwimmen, um auf Eis Robben zu jagen. Weil das Eis im Sommer früher schmilzt, müssen die Bären eher an Land gehen. Sie haben sich dann nicht genug Fett angefressen. Das brauchen sie, um zu überleben, bis das Meer wieder zufriert.

## Düstere Zukunft

Wenn das Sommereis im Nordpolarmeer ganz verschwindet, verlieren Eisbären ihre Hauptnahrung: Robben. Denn Robben bringen ihre Jungen auf dem Eis zur Welt. Dann haben weibliche Eisbären nicht genug Nahrung, um den Winter zu überstehen und ihre Jungen zu säugen. Die Gefahr ist groß, dass der Eisbär in freier Wildbahn ausstirbt.

*Warmes Fell und eine 10 cm dicke Fettschicht unter der Haut schützen vor Kälte.*

## Eisige Kinderzimmer

Wenn das Eis im Sommer schmilzt, können Eisbären nicht jagen. Dann haben sie nichts zu essen, bis das Wasser im Herbst wieder zufriert. Weibchen bringen ihre Jungen im Winter in Schneehöhlen zur Welt und ziehen sie mit ihrer reichhaltigen Milch auf. Erst im Frühjahr kommen sie wieder heraus.

## Schlaue Jäger

Ringel- und Bartrobben sind die Hauptnahrung der Eisbären. Sie fangen sie, wenn sie durch Löcher im Eis zum Atmen auftauchen. Eisbären riechen diese Löcher aus einer Entfernung von bis zu 1 km. Auch die schneebedeckten Eishöhlen der Ringelrobbenjungen spüren sie mit der Nase auf.

Bartrobbe

**Wissenschaftler sagen, dass es im Jahr 2100 wegen der Erderwärmung keine Eisbären mehr geben wird.**

## Schmutz und Gift

Eisbären fressen viel Fett, um sich Fettreserven anzulegen. Deshalb essen hungrige Eisbären manchmal auch Fettabfälle aus der Industrie und sogar Motoröl. Viele Eisbären werden langsam vergiftet, weil sie durch Umweltverschmutzung verunreinigte Beutetiere verzehren.

### AUSBLICK

**Schutz der Eisbären**

Die amerikanische Naturschutzbehörde setzt sich für den Schutz von Eisbären ein. Sie erklärt, wie man Probleme mit Eisbären vermeidet. Oder wie man Lebensmittel so lagert, dass hungrige Bären nicht in Häuser eindringen. Auch kontrolliert sie die Bärenjagd. Hier überwacht ein Biologe einen betäubten Eisbären.

## Leben auf dem Eis

Der Eisbär lebt auf dem Eis des Nordpolarmeers. Und dort am liebsten auf dem dünneren, aber stabilen Eis, das sich im Winter in der Nähe des Nordpols bildet. Er wandert über weite Teile des gefrorenen Meeres. Aber er kann auch mehrere Stunden schwimmen, um offenes Gewässer zu überqueren. Normalerweise verbringt er den größten Teil seines Lebens auf dem Meer. Nur manchmal ist er so hungrig, dass er Ortschaften besucht, um Nahrung zu suchen.

# Klima **von morgen**

Wie viel wärmer wird es wohl werden? Und welche Folgen hat das für die Erde? Es gibt viele Dinge, die Forscher berücksichtigen müssen, um Antworten zu finden. Sie erstellen mit dem Computer Modelle, die berechnen, wie die Temperatur sich verändert, wenn der Ausstoß von Treibhausgasen ansteigt. Die Vorhersagen: Wenn die Menschen nichts gegen den Klimawandel tun, könnte die Temperatur in diesem Jahrhundert um 3 °C oder mehr steigen. Die Folgen wären enorm.

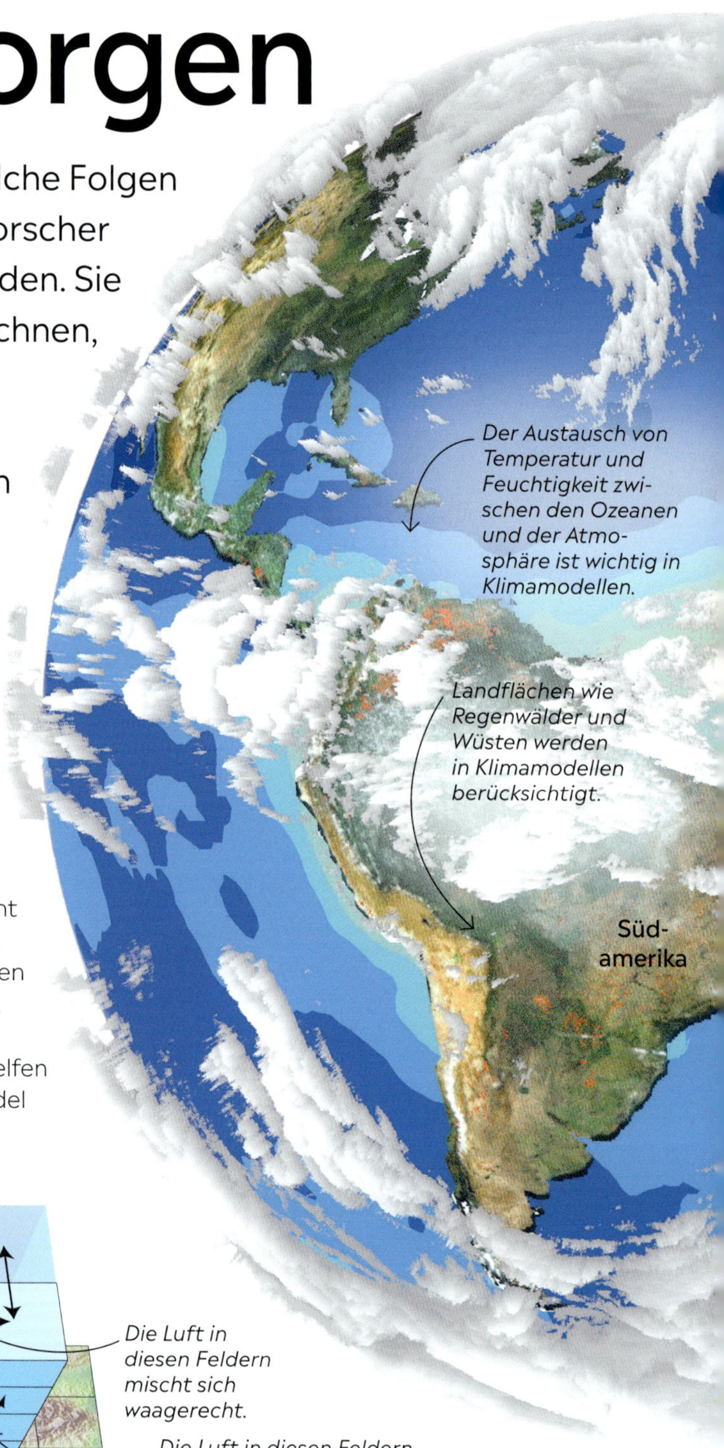

## Supercomputer

Mithilfe von Computern werden Veränderungen in der Atmosphäre vorhergesagt. So wird unser tägliches Wetter bestimmt. Den langfristigen Klimawandel kann man leider nicht so leicht vorhersagen. Da spielen auch Dinge mit wie Veränderungen der Vegetation und der Eisdecke. Supercomputer können riesige Datenmengen verarbeiten. Sie helfen Wissenschaftlern, den Klimawandel zu verstehen.

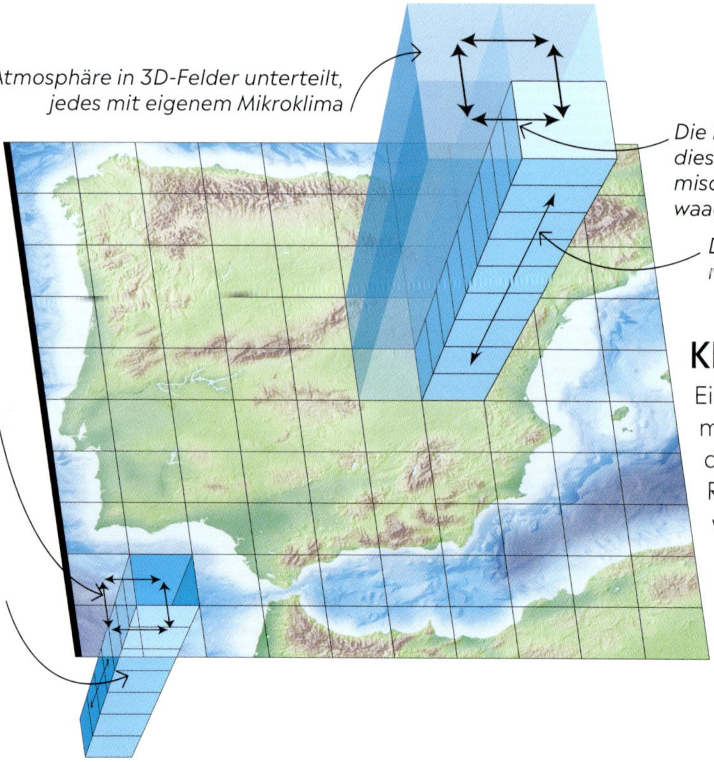


## Klimamodelle

Ein Klimamodell ist eine Darstellung der Atmosphäre mithilfe eines Computers. Sie besteht aus einem dreidimensionalen Raster mit Feldern. Dieses Raster ist mit Modellen von anderen Systemen wie den Ozeanen (siehe Bild) oder der Vegetation verknüpft. Im Computerprogramm kann man bestimmte Werte verändern, etwa die Menge an $CO_2$ in der Luft. So wird deutlich, welche Folgen diese Veränderung für das Klima hat.

## Die Arbeit beginnt

Ein Klimamodell entsteht nach dem Start am Computer in mehreren kleinen Schritten. Oft braucht es dazu weniger als eine Stunde. Für einen einzelnen Schritt benötigt der Computer einige Sekunden. Um ein komplettes Bild bis zum Ende des Jahrhunderts zu erhalten, braucht aber selbst ein Supercomputer mehrere Wochen. Mit den Ergebnissen werden Grafiken erstellt. Die zeigen, wie sich die Temperaturen und Niederschläge unter bestimmten Umständen verändern. Dieses Bild ist im Zusammenhang mit Meerestemperatur entstanden.

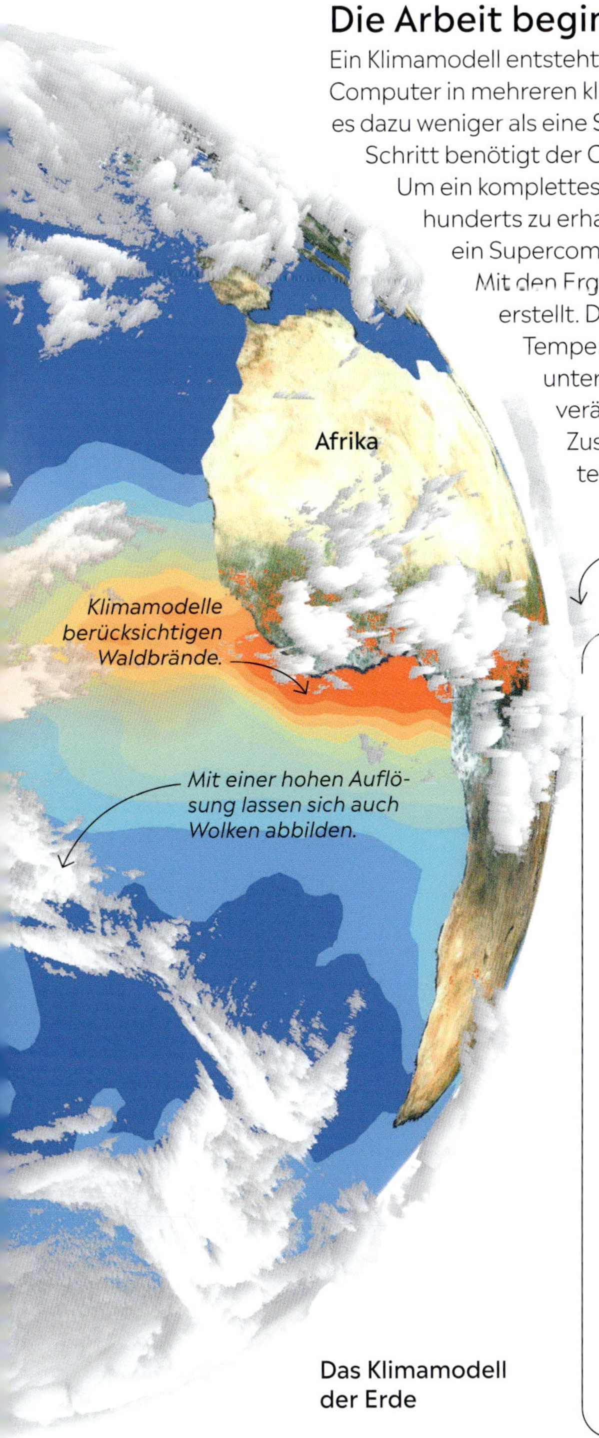


Das Klimamodell der Erde

### WEITBLICK

**Syukuro Manabe**

1967 war der japanische Meteorologe Syukuro Manabe an der Entwicklung des ersten Klimamodells mithilfe von Computern beteiligt. Es sagte voraus, dass mehr $CO_2$ zu einem Anstieg der Erdtemperatur führt.

## KLARE ERGEBNISSE ODER NICHT?

Hier sind die Klimavorhersagen von unterschiedlichen Forschungseinrichtungen dargestellt. Alle verwenden Durchschnittswerte. Und alle gehen davon aus, dass der Ausstoß von Treibhausgasen hoch bleibt. Da es aber viele verschiedene Einflüsse gibt, sind die Vorhersagen nicht alle gleich. Nur eines ist sicher: Die Temperaturen auf der Erde werden bis zum Ende dieses Jahrhunderts weiter ansteigen.

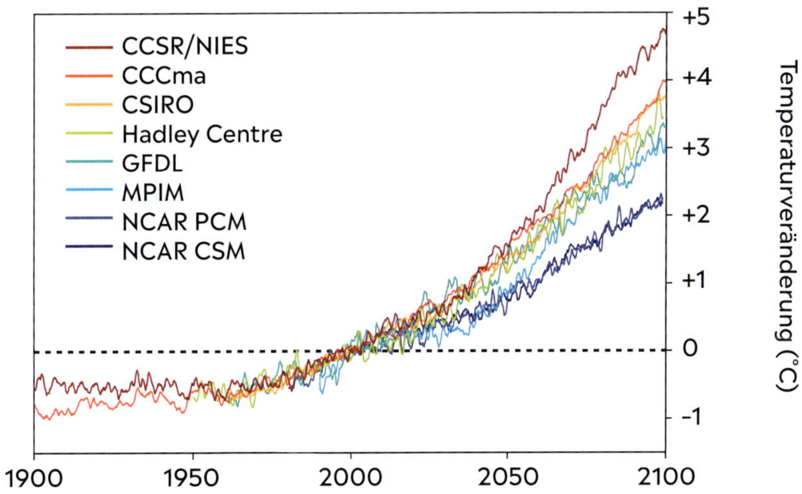


## VERSCHIEDENE VARIANTEN

Jedes Klimamodell stützt sich auf eine Vorstellung, wie sich die Welt entwickeln wird. Eine Variante geht davon aus, dass die Menschen immer mehr produzieren werden und deshalb der Ausstoß der Treibhausgase steigen wird. In einer anderen Variante wird angenommen, dass der Ausstoß von Treibhausgasen sinkt. Diese Bilder zeigen, wie sich die Temperatur bis 2099 verändern wird. Variante 1 geht von einem geringeren Ausstoß aus, Variante 2 von einem höheren.

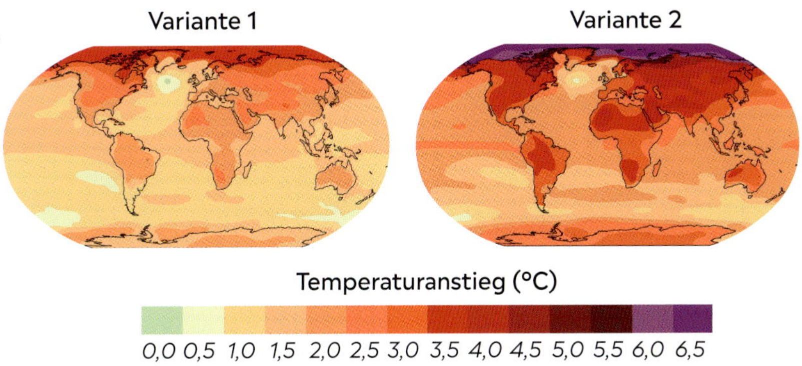

# Dieses **Jahrhundert**

Die durchschnittliche Temperatur der Erde wird in diesem Jahrhundert steigen. Das ist sicher. Selbst wenn wir den Ausstoß von Treibhausgasen heute stoppen würden. Denn die Wärme aus den Ozeanen wird noch jahrzehntelang entweichen. Und so wird es häufiger Hitzewellen, Dürren und Überschwemmungen geben. Der Meeresspiegel wird steigen und bedrohte Tierarten werden aussterben. Doch wir können die Schäden begrenzen, wenn wir den Klimawandel bekämpfen.

## Die Wanderung der Pflanzen

Werden die Polarregionen wärmer und die Subtropen Wüsten, siedeln sich immer mehr Pflanzenarten in Richtung der Pole an. Immergrüne Bäume wie diese Kiefern könnten in der baumlosen Tundra wachsen. Und in wärmeren, trockeneren Gebieten würde Gras die Wälder ablösen. Wenn aber riesige Flächen mit Ackerland diese natürliche Veränderung behindern, sterben viele Arten aus.

## Wüsten wachsen

In den Subtropen regnet es immer weniger. Deshalb sind heute schon viele Gebiete Halbwüsten. Trockengebiete werden um 11–23 % zunehmen. Auch daran angrenzendes Buschland, Grasland und Ackerland wird trockener. Weiter nördlich und südlich werden die Hitzewellen im Sommer wahrscheinlich häufiger und extremer werden.

**Der Stadtteil Pudong in Schanghai**

## DER NORDPOL

Diese Bilder zeigen das Meereis im Sommer 1985 und die Vorhersage für 2085. Gibt es weniger oder kein Eis, ist das schlimm für die Robben und Eisbären. Da das Eis schmilzt, gelangt mehr Süßwasser ins Meer. Dadurch können sich Meeresströmungen ändern. Das hat Folgen für die Nahrungsketten in den Ozeanen und für das Klima.

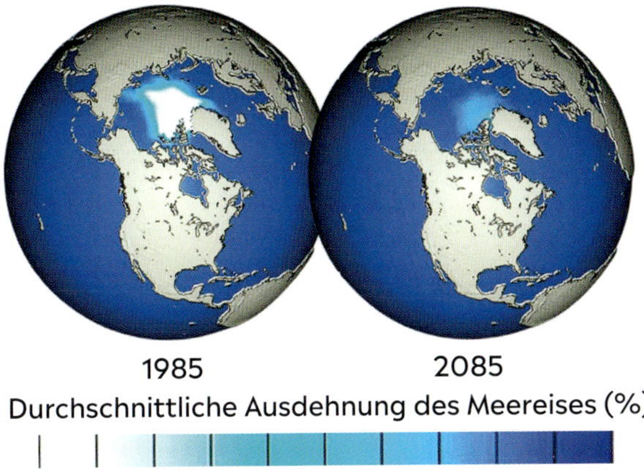


## RÜCKBLICK

**Wirbelsturm**
Im Jahr 2017 verwüstete der Wirbelsturm Harvey den amerikanischen Bundesstaat Texas. Dort fielen an manchen Orten in nur vier Tagen bis zu 1539 mm Regen (doppelt so viel wie in Deutschland im ganzen Jahr). Über den Südosten von Texas ergossen sich mehr als 76 Billionen Liter Wasser. In manchen Gebieten stand das Wasser bis zu 3 m hoch.

## Artensterben

Wenn die durchschnittliche Erdtemperatur weiter steigt, könnten 15–37 % aller Arten bis 2050 ausgestorben sein. Auch diese seltene Orchidee. Nur anpassungsfähigere Arten wie etwa Ratten würden überleben.

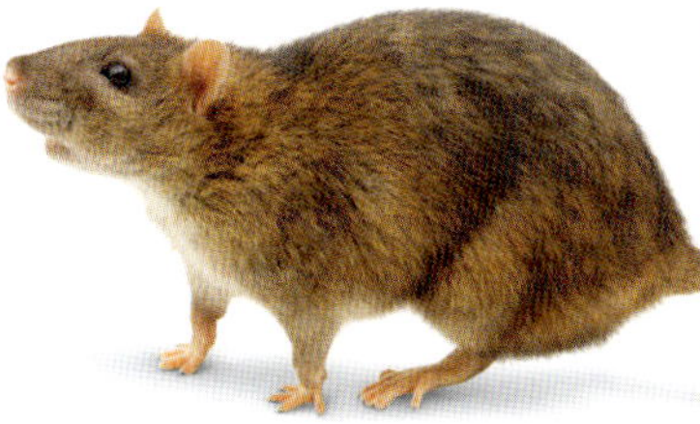

## Städte in Gefahr

Da immer mehr Schmelzwasser in die Meere fließt, wird der Meeresspiegel weiter steigen. Bis zum Jahr 2100 um wahrscheinlich 43–84 cm. Vielleicht noch mehr, wenn die großen Eisschilde an den Polen schneller abschmelzen. Dann besteht für manche Städte die Gefahr, überschwemmt zu werden.

**Schanghai (China) liegt nur**
**3–5 m über dem Meeresspiegel.**

# Was meinen **Forscher?**

Wenn wir nicht mehr gegen den Klimawandel tun, steigt die Erdtemperatur weiter an. Vielleicht so stark, dass der Permafrost am Nordpol ganz auftaut und in Amazonien riesige Waldbrände wüten. So würden noch mehr $CO_2$ und Methan freigesetzt. Die Erde würde sich schneller erwärmen. Es gab in der Vergangenheit schon einige Katastrophen, die auf den Klimawandel zurückzuführen sind. Um weitere zu verhindern, müssen wir jetzt handeln.

### Brennender Regenwald

Durch den Anstieg der Temperatur vertrocknen die Bäume im Regenwald oder es kommt zu Bränden. Bäume geben über ihre Blätter Wasser an die Luft ab. Gibt es weniger Bäume, regnet es weniger. Wenn die Bäume verbrennen oder verrotten, wird $CO_2$ freigesetzt und die Temperaturen steigen noch weiter an.

### Saure Ozeane

Wenn sich die Ozeane erwärmen und mehr $CO_2$ aufnehmen, werden sie saurer. Das könnte vielen Meeresbewohnern schaden. Steigt die durchschnittliche Erdtemperatur im Vergleich zur vorindustriellen Zeit um 2 °C, könnten bis zu 97 % aller Korallenriffe durch Korallenbleiche (siehe S. 35) absterben. Durch das saure Wasser wachsen die Schalen und Panzer von Krebsen, Muscheln und Plankton nicht gut. Dadurch überleben weniger von ihnen und damit gibt es auch weniger Fische, die sich von ihnen ernähren.

### Anstieg des Meeresspiegels

Die meisten Wissenschaftler gehen davon aus, dass der Meeresspiegel bis 2100 um weniger als 1 m ansteigen wird. Schmelzen die dicken Eisschilde am Nord- und Südpol, kann der Meeresspiegel aber bis zu 25 m ansteigen. Allein ein Abschmelzen des Eisschildes am Südpol hätte einen Anstieg von 7 m zur Folge. Dann wären Städte in Küstennähe wie Hamburg oder Tokio in Gefahr.

Diese Häuser in Bangladesch sind durch den gestiegenen Meeresspiegel unbewohnbar.

## Die Tundra taut auf

Im hohen Norden tauen die Permafrostböden im Sommer teilweise auf und so entstehen riesige Sümpfe. Darin verrotten Pflanzen und geben dabei Methan ab. Taut immer mehr Permafrost auf, wird mehr Methan freigesetzt. Das verstärkt den Treibhauseffekt.

*Eis bröckelt an den Rändern eines Gletschers ab und landet im Ozean.*

## Abbröckelndes Eis

In Grönland und im Westen des Südpols schmelzen die Ränder der Eisschilde schneller ab als je zuvor. Dabei landen riesige Eisplatten im Meer und treiben als Eisberge davon. So könnten die Eisschilde komplett verschwinden und der Meeresspiegel stark ansteigen.

## Gefrorenes Methan

Verrotten Pflanzen und Plankton auf dem Meeresboden, bildet das dabei entstehende Methan eine Art Eis. Steigt die Wassertemperatur, schmilzt das Eis und das Methan kommt frei. Da die Ozeane tief sind, passiert das nicht so schnell. Vielleicht hat dies aber in der Vergangenheit zu einer starken Erderwärmung beigetragen.

## Massenaussterben

Vor etwa 250 Mio. Jahren wurde bei zahllosen Vulkanausbrüchen so viel $CO_2$ in die Atmosphäre geschleudert, dass die Erdtemperatur um 6–8 °C stieg. Dadurch starben 96 % aller Arten aus. Gut möglich, dass die Erdtemperatur bis 2100 um 4 °C ansteigen wird. Vielleicht sogar noch höher.

# Wer ist **gefährdet?**

Der Klimawandel hat Folgen für uns alle. Doch die Menschen in den armen Ländern trifft er am meisten. Und das, obwohl sie am wenigsten dafür können. Schon heute leiden viele unter extremen Wetterbedingungen. Der Klimawandel wird zu noch mehr Hungersnöten und Flucht führen. Es wird mehr Streit um Land, Trinkwasser und Rohstoffe geben. Auch die Industrieländer werden vom Klimawandel und von den Problemen in anderen Teilen der Welt betroffen sein.

## Das Wasser steigt

In den Küstenregionen der Welt leben viele Menschen. Sie liegen oft kaum höher als der Meeresspiegel. So ist es auch im Delta des Flusses Ganges in Indien und Bangladesch. Wenn ein Wirbelsturm dort zu Überschwemmungen führen würde, hätte das katastrophale Folgen.

## Krankheiten

Durch die Erderwärmung breiten sich auch tropische Krankheiten wie Malaria weiter aus. Diese Krankheit wird von tropischen Stechmücken übertragen. Im Jahr 2018 bekamen rund 230 Mio. Menschen Malaria. Ein Bluttest wird zeigen, ob dieses Kind daran erkrankt ist.

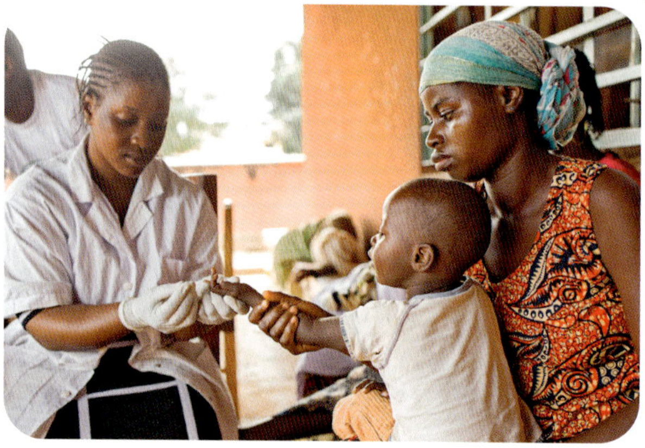

## Ackerbau

In gemäßigten Regionen wie bei uns in Westeuropa könnte ein längerer Sommer für den Anbau von Getreide wie Weizen gut sein. Aber in tropischen Ländern wäre die Erderwärmung schlecht für die Landwirtschaft. Da könnte es für viele Nutzpflanzen zu warm werden.

**Steigt der Meeresspiegel um etwa 50 cm, müssen in Bangladesch**

**bis 2050 15 Mio. Menschen fliehen.**

In Asam (Indien) fahren Überlebende 2020 mit einem selbst gebauten Floß durch überschwemmte Gebiete.

**AUSBLICK**

**Klimaflüchtlinge**

Wenn es wegen Dürre schlechte Ernten gibt, verlassen Menschen ihre Heimat. Forscher schätzen, dass bis zum Jahr 2050 rund 2 Mio. Menschen aus Ländern in Zentralamerika wie Honduras (im Bild), El Salvador und Guatemala zu Klimaflüchtlingen werden.

## Sauberes Trinkwasser

Ohne sauberes Trinkwasser können Menschen nicht leben. In Halbwüsten wird das Wasser aufgrund von Dürren knapp. Schmelzende Gebirgsgletscher können die gleichen Folgen haben. Teile Zentralasiens und Chinas sind auf das Wasser aus den Gletschern des Himalajas angewiesen. Schmelzen die Gletscher, ist auch das Wasser weg. In Küstenregionen können Überschwemmungen das Trinkwasser ungenießbar machen.

## Nichts geht mehr

Ohne Strom, Telefon, Internet und Verkehr hätten wir keine Nahrung, kein Trinkwasser und keine Heizung. Alles hängt miteinander zusammen. Deshalb sind Ereignisse wie Wirbelstürme so gefährlich. Denn sie zerstören alles, was auf ihrem Weg liegt. 2005 traf der Wirbelsturm Katrina die amerikanische Großstadt New Orleans.

## Lebensmittel

Manche Lebensmittel aus den Tropen werden auf der ganzen Welt gegessen. Wenn der Klimawandel die Landwirtschaft dort verändert, merken wir das auch. Dann gibt es bestimmte Produkte nicht mehr. Am schlimmsten aber trifft es die Menschen in den armen Ländern. Die haben jetzt schon nicht genug zu essen.

# Mit dem
# Klimawandel leben

Selbst wenn wir keine Treibhausgase mehr ausstoßen, würde die Erdtemperatur in den nächsten 30 Jahren steigen. Warum? Weil die Wärme in den Ozeanen weiter freigesetzt wird. Der Meeresspiegel steigt. Es gibt mehr Dürren und Hochwasser. Das schadet der Landwirtschaft, den Tieren und Pflanzen. Deshalb müssen wir uns auf Veränderungen einstellen. Gleichzeitig sollten wir alles tun, um Schlimmeres zu verhindern.

## Schutz vor dem Wasser

Viele Großstädte liegen an Küsten. Sie sind besonders gefährdet, wenn der Meeresspiegel steigt. Schon heute schützen sie sich mit großen Bauwerken vor Hochwasser. Bei sehr hohen Fluten und Sturmfluten reicht das aber nicht. Das Sperrwerk in der Themse entstand zwischen 1974 und 1982 und soll London bei Sturmfluten retten.

## Hochwasserschutz

Straßen nehmen kein Wasser auf. So kommt es bei einem starken Regen schnell zu Überschwemmungen. Grünflächen wie große Parks saugen das Wasser auf und verhindern Überschwemmungen.

## Natürlicher Schutz

Das Meer lässt Kiesbänke, Salzwiesen und Mangrovenwälder entstehen. Es ist wichtig, diese Lebensräume nicht zu zerstören. Denn sie schützen die Küsten vor Überschwemmungen.

## Naturreservate

Durch die Zerstörung ihrer Lebensräume und den Klimawandel werden viele Arten aussterben. In Reservaten können manche überleben. Ökosysteme bleiben erhalten und Forscher können dort arbeiten.

## In Sicherheit

Im niedrig gelegenen Bangladesch treten Flüsse wie der Ganges nach heftigen Monsun-Regenfällen häufig über die Ufer. Daher haben die Menschen Inseln gebaut, auf denen ihre Familien und ihr Vieh sicher sind. Ist das Wasser wieder weg, kehren sie auf ihr Land zurück.

*Eine rettende Insel*

**Bis etwa 2070 schützt das Themse-Sperrwerk vor Überschwemmungen.**

*9 Pfeiler und 10 Stahltore können den 520 m breiten Fluss komplett schließen.*

*Das runde Stahltor ist 20 m hoch.*

## Nicht noch mehr Wüste

Solche Schutzwälle verhindern, dass Wüsten sich ausbreiten. Sie sind mit Gräsern und Sträuchern bepflanzt, denen Trockenheit nichts ausmacht. So bleiben die Wälle stabil. Gibt es weniger Tiere, die auf trockenem Grasland weiden, schützt auch das vor der Bildung von Wüsten.

**AUSBLICK**

**Andere Feldfrüchte**

Das Internationale Institut für Reisforschung züchtet neue Reissorten. Diese sollen trotz Dürren und Überschwemmungen gut wachsen können. In Indien, Nepal und auf den Philippinen wird schon Reis angebaut, der mit Trockenheit zurechtkommt.

# Kampf gegen **Klimawandel**

Der Klimawandel betrifft die ganze Welt. Deshalb müssen auch alle Länder gemeinsam nach Lösungen suchen. Das ist aber nicht einfach. Es ist teuer, die Technologien zu ersetzen, die am Klimawandel schuld sind. Doch größere Klimaschäden wären noch teurer. Schritt für Schritt finden die Länder Wege, um den Klimawandel zu bekämpfen.

## Abkommen von Paris

Auf Einladung der Vereinten Nationen trafen sich 2015 die Vertreter von 195 Ländern in Paris (Frankreich). Sie sprachen über Maßnahmen gegen den Klimawandel. Am Ende beschlossen sie, den Anstieg der Erdtemperatur auf höchstens 2 °C zu begrenzen.

## Gerechte Verteilung

Entwicklungsländer wie Peru stoßen wenige Treibhausgase aus. Aber die Menschen dort möchten besser leben. Dadurch erhöht sich die Menge der Treibhausgase. Natürlich kann man nicht von ihnen erwarten, dass sie darauf verzichten. Deshalb müssen reiche Länder ihren sehr hohen Ausstoß an Treibhausgasen vermindern.

### WEITBLICK

**Greta Thunberg**

Die Schwedin Greta Thunberg wurde 2003 geboren. 2018 begann sie einen Schulstreik für das Klima. Auf einer Klimakonferenz der Vereinten Nationen sagte sie 2019 zu den Politikern: „Ganze Ökosysteme kollabieren. Wir stehen am Anfang eines Massensterbens, und alles, worüber Sie reden können, sind Geld und Märchen von ewigem Wirtschaftswachstum. Wie können Sie es wagen?"

## Klimastreik

Viele junge Menschen demonstrieren seit Jahren für mehr Klimaschutz. Sie finden, dass Regierungen zu wenig gegen den Klimawandel tun. Im September 2019 nahmen 7,6 Mio. Menschen weltweit am Klimastreik teil.

Klimastreik in Bangkok (Thailand)

## EIN ZIEL SETZEN

Im Abkommen von Paris steht, dass die Erderwärmung auf weniger als 2 °C, vielleicht sogar auf 1,5 °C begrenzt werden soll. Dafür müssen wir den Ausstoß von Treibhausgasen rasch senken. Dieses Schaubild zeigt, wie stark der Ausstoß zurückgehen muss, um diese Ziele zu erreichen.

● Weiter wie bisher ● Ziel: 1,5 °C

● Ziel: 2 °C

Gt = Gigatonne

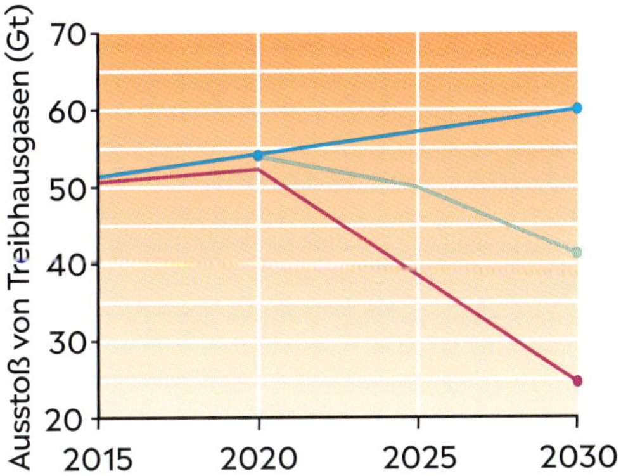

## Handel mit $CO_2$

Stoßen Länder weniger $CO_2$ aus, als sie dürfen, können sie sogenannte „$CO_2$-Gutschriften" an Länder verkaufen, die zu viel ausstoßen. So bleibt der $CO_2$-Ausstoß im Durchschnitt unter einer bestimmten Grenze. Länder mit einem hohen $CO_2$-Ausstoß können Projekte in Ländern unterstützen, die wenig ausstoßen. Zum Beispiel die Aufforstung mit einheimischen Bäumen wie diesem Teakbaum-Setzling.

## Saubere Energie

Immer mehr Länder nutzen erneuerbare Energien wie Wind- oder Sonnenenergie. In Deutschland kommt etwa die Hälfte des Stroms aus erneuerbaren Energien. Solaranlagen liefern beinahe 12 % des Stroms, Windräder fast 27 %. In Ost- und Nordsee gibt es große Windparks. Dort sind manche Windräder über 150 m hoch. Zum Vergleich: Der Kölner Dom ist etwa 157 m hoch.

## Der Weltklimarat

1988 beschlossen die Vereinten Nationen, mehr Informationen über den Klimawandel zu sammeln. Dazu gründeten sie den Weltklimarat. Seine Aufgabe ist es, die Ergebnisse von Klimaforschungen überall auf der Welt zu prüfen. Außerdem bewertet er die Schlussfolgerungen der Wissenschaftler. All das wird dann in einem Bericht veröffentlicht. Der erste Bericht stammt von 1990. Weitere gab es 1995, 2001, 2007, 2014 und 2021–2023.

Rajendra Pachauri, der Vorsitzende des Klimarats, mit dem Bericht von 2014

# Weniger **Kohlendioxid**

Noch ist die Welt abhängig von Strom, der aus fossilen Brennstoffen erzeugt wird. Um das zu ändern, brauchen wir mehr erneuerbare Energie. Viele Länder versuchen jetzt, die Verwendung von fossilen Brennstoffen zu verringern. Außerdem pflanzen sie Bäume, um mehr $CO_2$ aus der Atmosphäre zu holen.

## Das Ende der Kohle

Kohle hat die industrielle Revolution möglich gemacht. Sie ist aber der schmutzigste fossile Brennstoff. Einige Industriestaaten wollen daher weniger Kohle verbrauchen. So hat zum Beispiel Großbritannien 2019 so wenig Kohle verbrannt wie seit 250 Jahren nicht mehr.

*Steinkohlekraftwerk in den Niederlanden*

## Erdgas

Um Strom zu erzeugen, kann auch Erdgas verbrannt werden. Da entsteht ebenfalls $CO_2$, aber weniger als bei der Verbrennung von Kohle. Dennoch muss auch Gas durch erneuerbare Energien ersetzt werden.

*Für diese Gasleitung in Alaska wurden viele Bäume gefällt.*

## Der Preis der Kohle

Wird weniger Kohle benötigt, hat das noch einen Vorteil. Denn der Abbau von Kohle ist gefährlich für die Arbeiter. In den unterirdischen Bergwerken können Tunnel einstürzen. Es kann Explosionen, Brände und Überschwemmungen geben. Dieses Foto entstand 2006 in Sichuan (China). In dem Jahr kamen in China fast 6000 Arbeiter im Bergbau ums Leben. Der oberirdische Tagebau ist zwar sicherer, reißt aber große Löcher in die Landschaft.

Ein Bergmann aus einem Bergwerk in Sichuan (China)

## Der Weg zum Null-Ausstoß

Vieler Länder wollen den $CO_2$-Ausstoß verringern. Dafür setzen sie sich ein sogenanntes „Netto-Null-Ziel". Das bedeutet, dass ein Land nicht mehr Treibhausgase in die Atmosphäre ausstößt, als es ihr entzieht. So kann der Klimawandel gestoppt werden. Die meisten Länder wollen dieses Ziel bis 2050 erreichen, Schweden schon 2045. Der Plan dazu wurde von der Politikerin Isabella Lövin aufgestellt.

*Isabella Lövin fährt im März 2018 mit dem Rad zu einer Klimakundgebung.*

**Costa Rica deckt 98 % seines Strombedarfs ohne $CO_2$-Ausstoß.**

## Bäume pflanzen

Das Netto-Null-Ziel lässt sich schneller erreichen, wenn mehr $CO_2$ aus der Atmosphäre aufgenommen wird. Da hilft es, Bäume zu pflanzen. Überall auf der Welt wurden dazu Programme gestartet. Zum Beispiel eines, das „Bonn Challenge" heißt. Mit diesem Programm sollen bis 2030 weltweit 350 Mio. Hektar Land wieder mit Bäumen bepflanzt werden.

# Kernenergie

Eine Möglichkeit, um zuverlässig sehr viel Energie und keine Treibhausgase zu erzeugen, ist Kernenergie. Die Energie kommt dabei aus radioaktivem Uran, dessen Atome gespalten werden. Doch radioaktive Strahlung ist gefährlich. Da mit Uran auch Atomwaffen hergestellt werden können, ist diese Form der Stromerzeugung sehr umstritten. Auch weil die Lagerung des strahlenden Mülls ungeklärt ist, hat man sich in Deutschland gegen Kernenergie entschieden.

Das Innenleben eines Kernkraftwerks

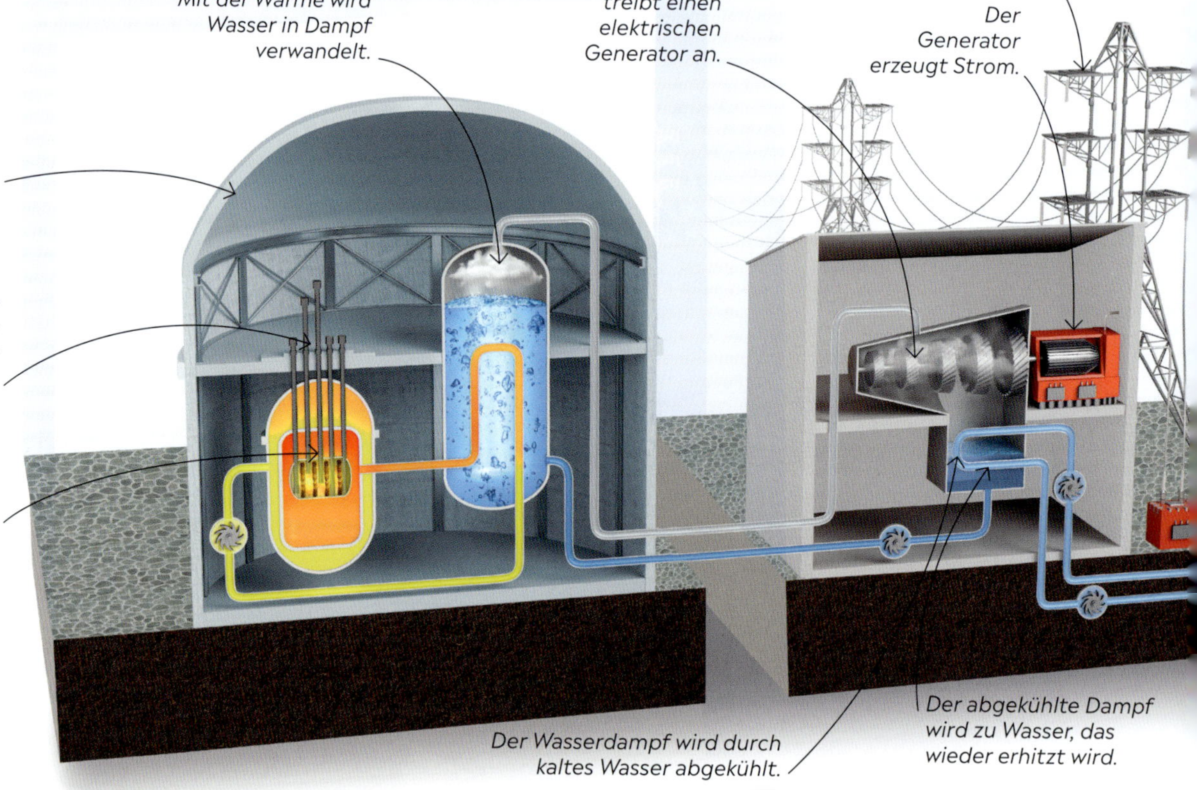


## Kernkraftwerk

Der Reaktor eines Kernkraftwerks enthält Brennstäbe aus radioaktivem Uran. Zwischen diesen gibt es eine nukleare Kettenreaktion. Steuerstäbe werden zwischen die radioaktiven Brennstäbe abgesenkt. Sie nehmen Neutronen auf, um die Kettenreaktion zu regeln. Bei der Kernspaltung entsteht Hitze. Mit dieser Hitze wird Wasser in Dampf verwandelt. Damit werden Turbinen angetrieben, die mit Generatoren verbunden sind. Strom wird erzeugt.

## KERNSPALTUNG

Wenn ein Uran-Atom mit einem winzigen Neutron beschossen wird, wird der Kern des Atoms gespalten. Dadurch werden enorme Mengen an Energie freigesetzt. Auch entstehen weitere Neutronen, die in einer Kettenreaktion mehr Kerne spalten. Wird diese Kettenreaktion nicht kontrolliert, gibt es eine Explosion. In einem Kernkraftwerk entsteht nur eine Menge Wärme.

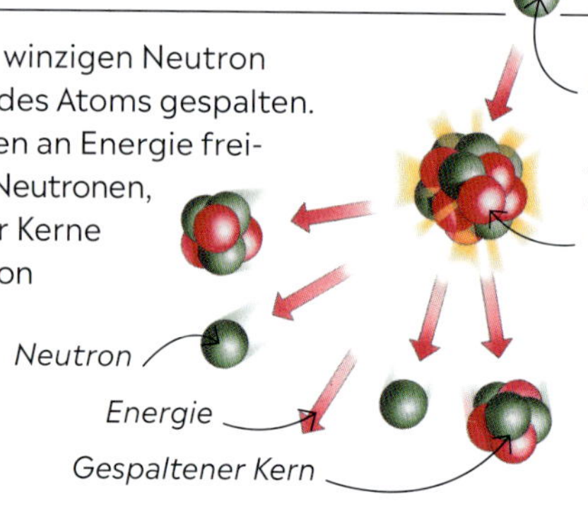

## RÜCKBLICK

**Atomkatastrophe in Japan**
Im Jahr 2011 wurde das Kernkraftwerk Fukushima durch ein Erdbeben beschädigt. Dabei gelangte radioaktive Strahlung in die Luft. Mehr als 100 000 Menschen mussten ihre Heimat verlassen. Deshalb verzichten heute einige Länder auf Kernenergie.

## KERNFUSION

Wenn zwei Atomkerne zu einem Kern verschmelzen, werden riesige Mengen an Energie freigesetzt. Und das ganz ohne radioaktiven Brennstoff oder radioaktiven Müll.
Die Verschmelzung kostet aber sehr viel Energie. Und es ist sehr schwierig, sie zu kontrollieren.

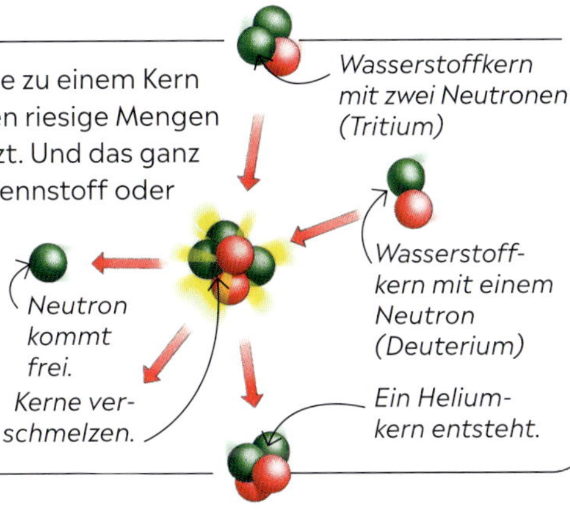


## Atomwaffen

Wenn Länder Kernkraftwerke besitzen, können sie auch sehr gefährliche Atombomben herstellen. Das kann die Menschheit und den Frieden auf der Welt gefährden.

## $CO_2$-freier Strom

In Frankreich werden mehr als 70 % des Stroms mit Kernenergie erzeugt. Sie treibt die TGV-Züge an, die bis zu 300 km/h schnell sind. Damit können diese Züge mit Flugzeugen konkurrieren, ohne $CO_2$ freizusetzen. Viele Länder würden es gern genauso machen. Aber Kernkraftwerke sind sehr teuer und es braucht viel Zeit, um sie zu bauen.

## Abbau von Uran

Uran ist ein radioaktives Metall. Es ist sehr selten und könnte in wenigen Jahrzehnten knapp werden. Für den Abbau wird viel Energie benötigt. Auch der Bau eines Kernkraftwerks kostet viel Energie. In beiden Fällen werden jede Menge Treibhausgase freigesetzt. Das bedeutet, dass die Nutzung von Kernenergie nicht völlig $CO_2$-frei ist. Außerdem zerstört der Uranabbau die Landschaft.

## Radioaktiver Müll

Ein Kernkraftwerk braucht nur wenig Brennstoff, aber der bleibt Tausende von Jahren stark radioaktiv. Da radioaktive Strahlung sehr ungesund und gefährlich ist, muss der Abfall sicher gelagert werden. Wissenschaftler suchen ständig nach Möglichkeiten zu einer sicheren Lagerung. Auf dem Bild liegen die abgebrannten Brennstäbe in einem Wassertank. So kann die Strahlung nicht entweichen.

## Experiment

Wissenschaftler aus 35 Ländern bauen das erste Kraftwerk der Welt für Kernfusion. Dieser Versuchsreaktor heißt IITER und steht in Frankreich. Hier wird versucht, mit möglichst wenig $CO_2$ Strom zu erzeugen.

# Erneuerbare **Energie**

Seit Jahrhunderten nutzen Menschen die Kraft des Windes und des Wassers, um Mühlen anzutreiben. Heute wird damit Strom erzeugt. Auch Sonnenenergie und Erdwärme können in Strom umgewandelt werden. Diese Energiequellen wird es immer geben. Man spricht deshalb von „erneuerbarer“ Energie. Sonnen- oder Windkraftanlagen sind gut für das Klima, da sie keine Treibhausgase freisetzen.

### Strom aus Wasserkraft

Wasser treibt Turbinen an, die mit Stromgeneratoren verbunden sind. Das Wasser dafür wird mithilfe von Dämmen in Stauseen gespeichert. Wasserkraft erzeugt 16 % des Stroms weltweit.

### Erdwärme

In heißem Gestein und Wasser unter der Erde ist viel Energie gespeichert. Damit lassen sich Häuser heizen und Turbinen von Kraftwerken wie diesem in Wairakei (Neuseeland) antreiben.

### Windparks

Windenergie wird mit modernen Windrädern erzeugt. Viele stehen an Land. Auf dem Meer bläst der Wind aber stärker und gleichmäßiger. Das Bild zeigt einen Windpark in Dänemark.

### Solarkraftwerk

Bei der Nutzung von Sonnenenergie wird normalerweise Sonnenlicht mithilfe von Paneelen direkt in Strom umgewandelt. Bei diesem Kraftwerk fangen Spiegel die Sonnenstrahlen auf und geben die Wärme an einen Turm ab. Damit werden eine Turbine und ein Stromgenerator angetrieben.

## WASSERDRUCK

In einem Stausee drückt eine enorme Wassermasse gegen einen Damm. Dieser Druck bewegt die Schaufeln mehrerer riesiger Turbinen. Diese befinden sich in Tunneln im Damm. Die Turbinen treiben Generatoren an, die schließlich Strom erzeugen. Wie viel Wasser durch die Tunnel fließt, wird durch Schleusentore geregelt. So lässt sich die Menge des erzeugten Stroms an den Bedarf anpassen.

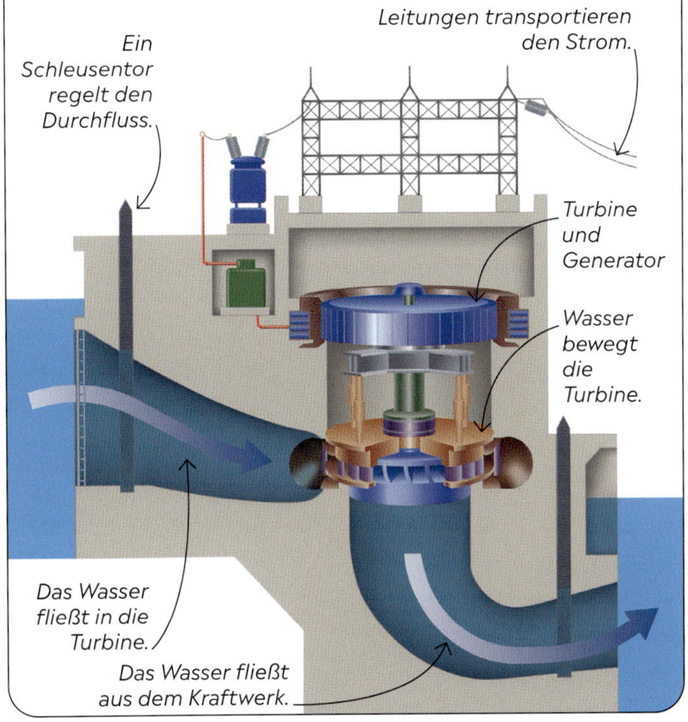

## Meereskraftwerk

Auch mit den Wellen der Meere lässt sich Strom erzeugen. Aber nur dort, wo es das ganze Jahr über hohe Wellen gibt. Irgendwann wird man auch mithilfe von Meeresströmungen Strom gewinnen können. Dafür sind riesige Unterwasserturbinen nötig. Solche Anlagen könnten so viel Strom erzeugen wie ein Kernkraftwerk.

## Biokraftstoff

Wird Pflanzenmaterial als Kraftstoff verbrannt, kommt $CO_2$ frei. Doch werden neue Pflanzen wie Zuckerrohr angebaut, können die das Gas aufnehmen. Aber dafür braucht es Ackerland, und das wird auch für den Anbau von Nahrungsmitteln benötigt. Werden beim Anbau Dünger und Maschinen verwendet, entstehen Treibhausgase.

**Zuckerrohr**

**Solarwärmekraftwerk Ivanpah in der Mojave-Wüste (USA)**

# Energie **für alle**

Große Stromkraftwerke sind für unser modernes Leben wichtig. Ohne sie könnten zum Beispiel viele Fabriken nicht arbeiten. Haushalte und kleine Gemeinden können Strom und Wärme aber zum Teil oder ganz selbst erzeugen. Und das ohne fossile Brennstoffe. Wenn immer mehr Menschen Solaranlagen und Wärmepumpen nutzen, werden diese Technologien auch immer billiger.

## Warmwasser vom Dach

Sonnenenergie kostet nichts, ist reichlich vorhanden und sie schadet der Umwelt nicht. Es gibt Dachpaneele mit Kupferleitungen in Glasröhren. Wenn das Sonnenlicht durch das Glas fällt, wird die Flüssigkeit in den Leitungen heiß. Und die heiße Flüssigkeit erhitzt das Wasser für Bad und Küche.

## Holzöfen

Bei der Verbrennung von Holz oder anderem Pflanzenmaterial wird $CO_2$ freigesetzt. Wenn die freigesetzte Menge von nachwachsenden Pflanzen aufgenommen wird, ist der $CO_2$-Ausstoß ausgeglichen. Diese Art von Verbrennung ist aber nur in kleinem Stil möglich. Der Anbau von Holz oder Pflanzen für eine ganze Stadt würde zu viel Land benötigen.

## Strom von der Sonne

Solarmodule wandeln Sonnenlicht direkt in Strom um. Sie funktionieren am besten an sonnigen Orten. Mit dem Strom kann man zum Beispiel Klimaanlagen betreiben. Denn die verbrauchen sehr viel Strom, gerade wenn die Sonne scheint. In Gebieten ohne Stromversorgung nutzen manche Menschen Solarmodule mit großen Batterien, um ihre Wohnung mit Licht zu versorgen. Das Bild zeigt ein Solarmodul, das Strom für die Satellitenschüssel einer mongolischen Familie liefert.

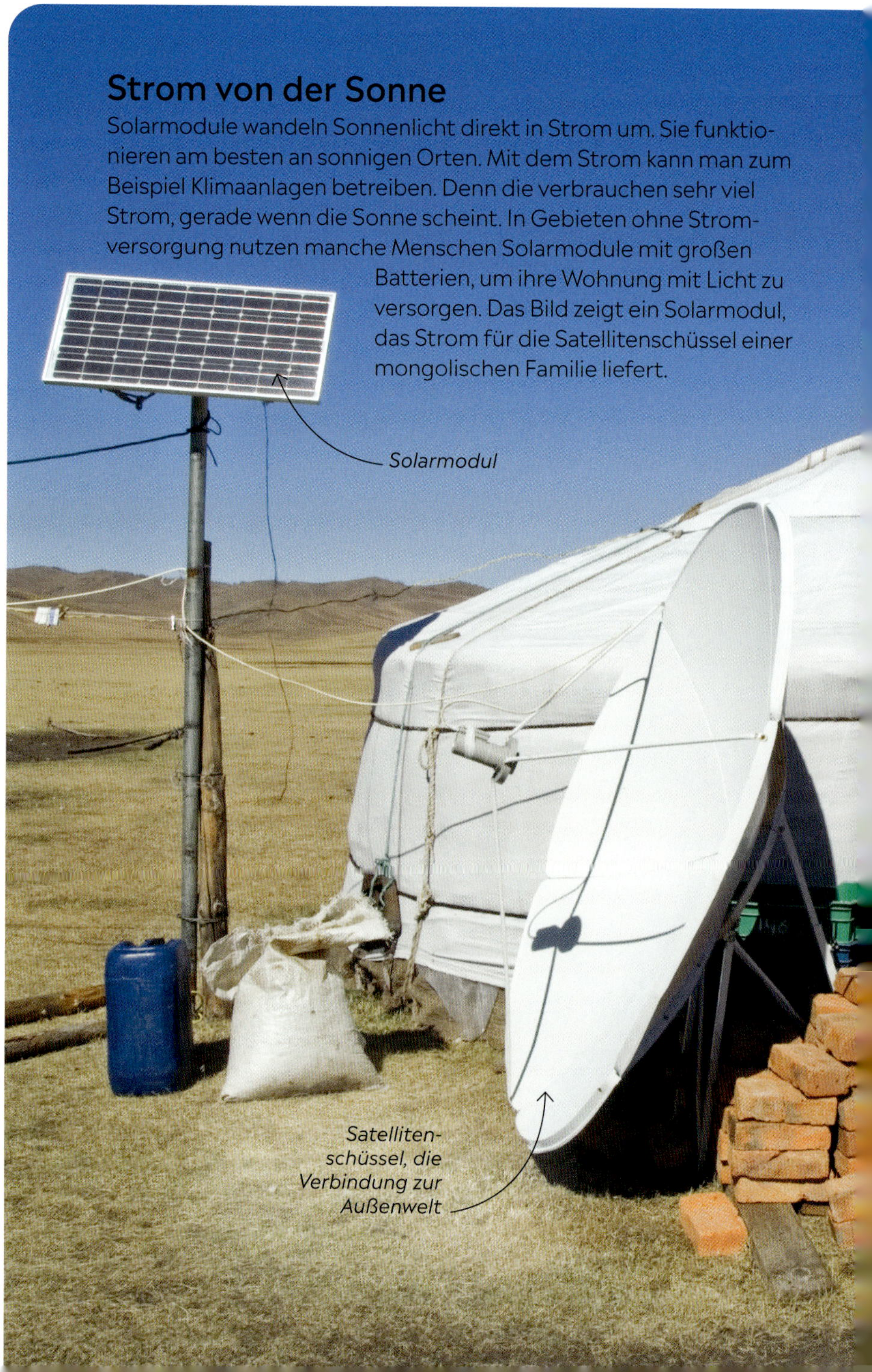

## ERDWÄRMEPUMPEN

Im Winter ist die Temperatur tief in der Erde viel höher als an der Oberfläche. Diese Wärme lässt sich über ein langes Rohr nach oben holen. Dann fließt die warme Flüssigkeit durch einen Wärmetauscher und erwärmt schließlich die Fußbodenheizung.

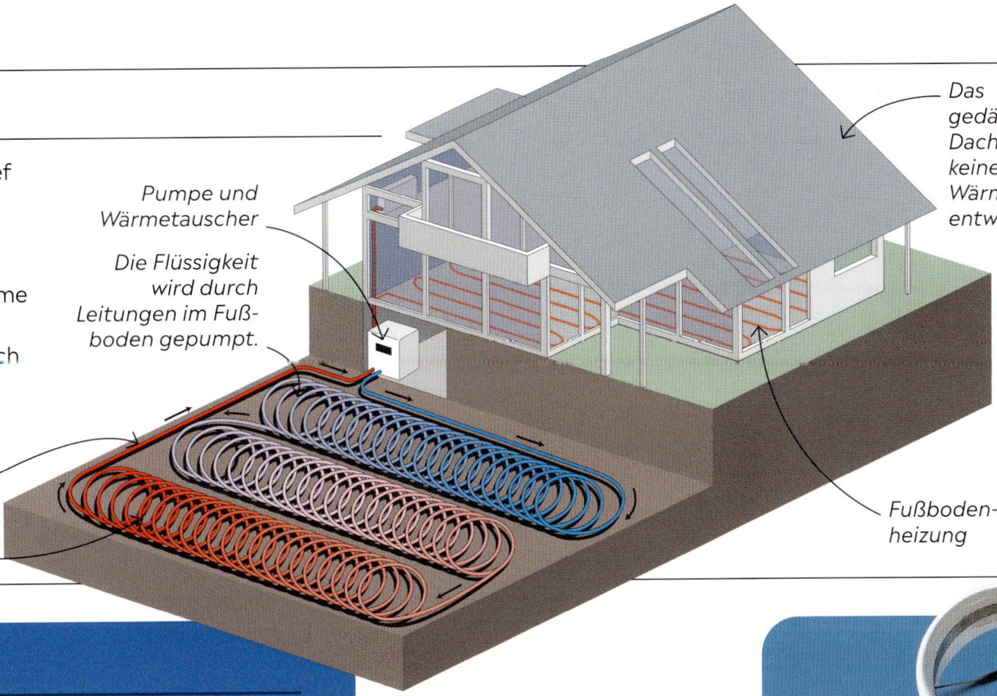


**Die Sonne strahlt pro Stunde genug Energie ab, um den Bedarf auf der Erde für ein Jahr zu decken.**

## Windkraft

Ein kleines Windrad auf dem Wohnhaus erzeugt nur wenig Strom. Der reicht für einen kleinen Teil des täglichen Bedarfs. Die Windräder werden aber immer besser. Wenn Menschen weniger Strom verbrauchen, ist Windenergie auch für Haushalte sinnvoll.

## Wasserkraft

Man kann die Energie eines schnell fließenden Baches nutzen, um kostenlosen und sauberen Strom zu gewinnen. In solchen kleinen Wasserkraftanlagen treibt das Wasser eine Turbine an. Allerdings muss es genug Wasser geben, um auch bei trockenem Wetter genug Druck aufzubauen.

## Einfache Technik

Schon seit Jahrhunderten werden Windpumpen genutzt, um Grundwasser nach oben zu befördern. Man kann mit ihnen und einem einfachen Stromgenerator auch Strom erzeugen. Diese Technik lässt sich gut in abgelegenen Ortschaften einsetzen, die nicht an das Stromnetz angeschlossen sind.

# Weniger **Energie**

Es ist nicht so einfach, ohne fossile Brennstoffe genug Energie herzustellen. Leichter wäre es, wenn weniger Energie verbraucht würde. Einen großen Teil könnte man dann mit erneuerbaren Energiequellen wie Wind und Sonne erzeugen. Der Anteil der fossilen Brennstoffe würde sinken. Und damit gäbe es auch weniger Treibhausgase.

## Bauvorschriften

Dieses Infrarotbild zeigt, wo Wärme aus einem Haus entweicht. In den roten und weißen Bereichen geht viel Wärme verloren, in den blauen (gedämmten) Bereichen wenig. In einigen Ländern gelten strenge Regeln für den Neubau von Häusern. Durch die Dämmung geht weniger Energie verloren als bei vielen älteren Häusern.

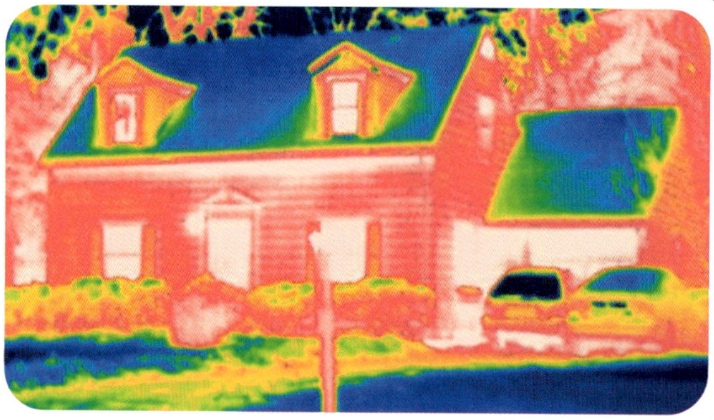

*Etikett für den Wirkungsgrad*

## Energiesiegel

Einige Haushaltsgeräte wie Kühlschränke müssen immer in Betrieb sein. Dafür laufen etwa Waschmaschinen höchstens ein paar Stunden pro Tag. Ältere Maschinen verbrauchen viel Wasser und eine Menge Energie. Um den Kauf neuer Geräte zu fördern, steht auf den Etiketten neuer Geräte, wie viel Strom und Wasser sie verbrauchen.

## Energiearme Lampen

Glühbirnen sind wahre Stromfresser. Denn sie wandeln nur etwa 5 % des Stroms in Licht um. Der Rest geht als Wärme verloren. Deswegen werden Glühbirnen auch so heiß, wenn sie brennen. Energiesparlampen geben etwa viermal so viel Licht wie Glühbirnen. Und Lampen mit Leuchtdioden (LEDs) verbrauchen sogar noch weniger Strom. Außerdem halten sie länger.

*LED-Lampen verbrauchen 70–75 % weniger Strom als Glühbirnen.*

*Viele Menschen erzeugen mit Solarmodulen auf dem Dach Strom.*

## Ökohäuser

Häuser können so gebaut werden, dass sie die Umwelt kaum belasten. Diese Häuser in Freiburg beziehen ihren Strom aus erneuerbaren Quellen, zum Beispiel aus Solarmodulen auf dem Dach. Die Wand- und Dachdämmung hält diese Häuser im Winter warm und im Sommer kühl.

**Freiburg im Breisgau setzt ab**

# 2035 nur auf erneuerbare Energie.

## Geschäfte und Büros

In Geschäften und Büros wird viel Energie verschwendet. So stehen Kühlregale in Supermärkten oft offen. Dann strömt kalte Luft heraus. Und in Büros sind Klimaanlagen, Lichter und Computer häufig auch nachts an. Dagegen ist das Hochhaus Swiss Re Tower in London extra so gebaut, dass Energie für Heizung und Licht gespart wird. Durch seine Form kühlt der Wind das Gebäude und es gibt immer gutes natürliches Licht.

### AUSBLICK

**Eine grüne Stadt**

Städte können so gestaltet werden, dass sie dem Klima weniger schaden. Das Bild zeigt Freiburg im Breisgau. In dieser „Ökostadt" stammt der Strom zum Großteil aus erneuerbaren Quellen. Autos dürfen nicht in die Altstadt fahren, nur Fahrräder und öffentliche Verkehrsmittel sind zugelassen.

## Verschwendung

Geräte verbrauchen auch dann Strom, wenn sie gar nicht benutzt werden. Es sei denn, sie werden komplett ausgesteckt. Geräte mit eingebauten Uhren und Empfängern müssen die ganze Zeit an bleiben („Standby"). Plasmafernseher verbrauchen fast 5-mal so viel Strom wie ein kleiner Röhrenfernseher und 30–65 % mehr als LCD-Fernseher gleicher Größe.

# Grüner **Verkehr**

Der Transport von Menschen und Gütern kostet jede Menge Energie und setzt viele Treibhausgase frei. Mindestens 16 % aller Treibhausgase auf der Erde kommen aus dem Verkehr. Mittlerweile gibt es Fahrzeuge, die weniger schädliche Kraftstoffe brauchen. Um den Ausstoß von Treibhausgasen in den nächsten Jahren zu verringern, sollten wir umweltfreundlicher und weniger reisen.

## Bus und Bahn

Öffentliche Verkehrsmittel verbrauchen pro Person gerechnet weniger Energie als Autos, da sie mehr Menschen transportieren. Oft haben sie auch sparsamere Motoren. Auf dem Land gibt es weniger Busse und Bahnverbindungen. Daher fahren viele Menschen mit dem Auto. Wird Benzin teurer und nehmen Staus zu, setzen vielleicht mehr Menschen auf die öffentlichen Verkehrsmittel.

## Besser Rad fahren

Auf kurzen Strecken ist das Fahrrad oft schneller als das Auto. Peking (China) ist berühmt für seine vielen Radfahrer. Auch viele andere Städte fördern das Radfahren. In einigen Stadtzentren sind Autos sogar verboten. So werden die Städte sauberer und sicherer. Außerdem sinkt der Ausstoß von Treibhausgasen.

## Elektrische Züge

Elektrische Züge stoßen pro Passagier und pro Kilometer 20–35 % weniger $CO_2$ aus als Dieselzüge. Außerdem sind sie schneller, billiger und verschmutzen die Umwelt weniger. Der Transport ist viel sauberer als auf der Straße oder in der Luft.

## Elektroautos

Viele Autohersteller bauen heute reine Elektroautos, zum Beispiel dieses Tesla Model S. Es wird von einem Elektromotor angetrieben, der mit einer Batterie verbunden ist. So stößt das Auto keine Treibhausgase aus.

## Wasserstoff

Wissenschaftler suchen nach Wegen, um Fahrzeuge mit Wasserstoff anzutreiben. Dazu wird Wasserstoff in sogenannten Brennstoffzellen zusammengepresst (im Bild auf dem Dach des Busses). So kann das Gas einen Elektromotor antreiben. Wasserstofffahrzeuge stoßen nur Wasserdampf aus.

## Biokraftstoffe

Biokraftstoffe stammen aus Pflanzen wie Ölpalmen (Bild), Mais, Soja oder Zuckerrohr. Sie werden mit Benzin oder Diesel vermischt. Dadurch verringert sich der Ausstoß von Treibhausgasen. Wenn für den Anbau der Pflanzen aber Wälder abgeholzt werden, macht Biokraftstoff keinen Sinn.

### HYBRIDAUTOS

Hybridautos haben einen Elektromotor für kurze und langsamere Fahrten. Dabei kommt der Strom aus einer Batterie und es entstehen keine Treibhausgase. Bei längeren Strecken und hohen Geschwindigkeiten treibt ein Verbrennungsmotor das Auto an. Die Batterie wird dann aufgeladen. Hybridautos stoßen weniger Treibhausgase aus als Autos mit Verbrennungsmotor.

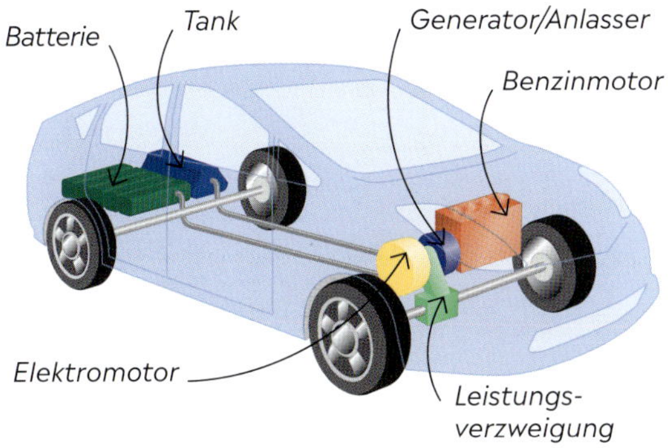

## Wiederverwendung von Öl

Der Anbau von Pflanzen für Biokraftstoffe ist nicht immer sinnvoll. Doch Dieselmotoren wie die von Bussen lassen sich so anpassen, dass sie gereinigtes Speiseöl und andere Abfall-Öle nutzen können. Viele Länder versuchen so, ihren Ausstoß von Treibhausgasen zu senken.

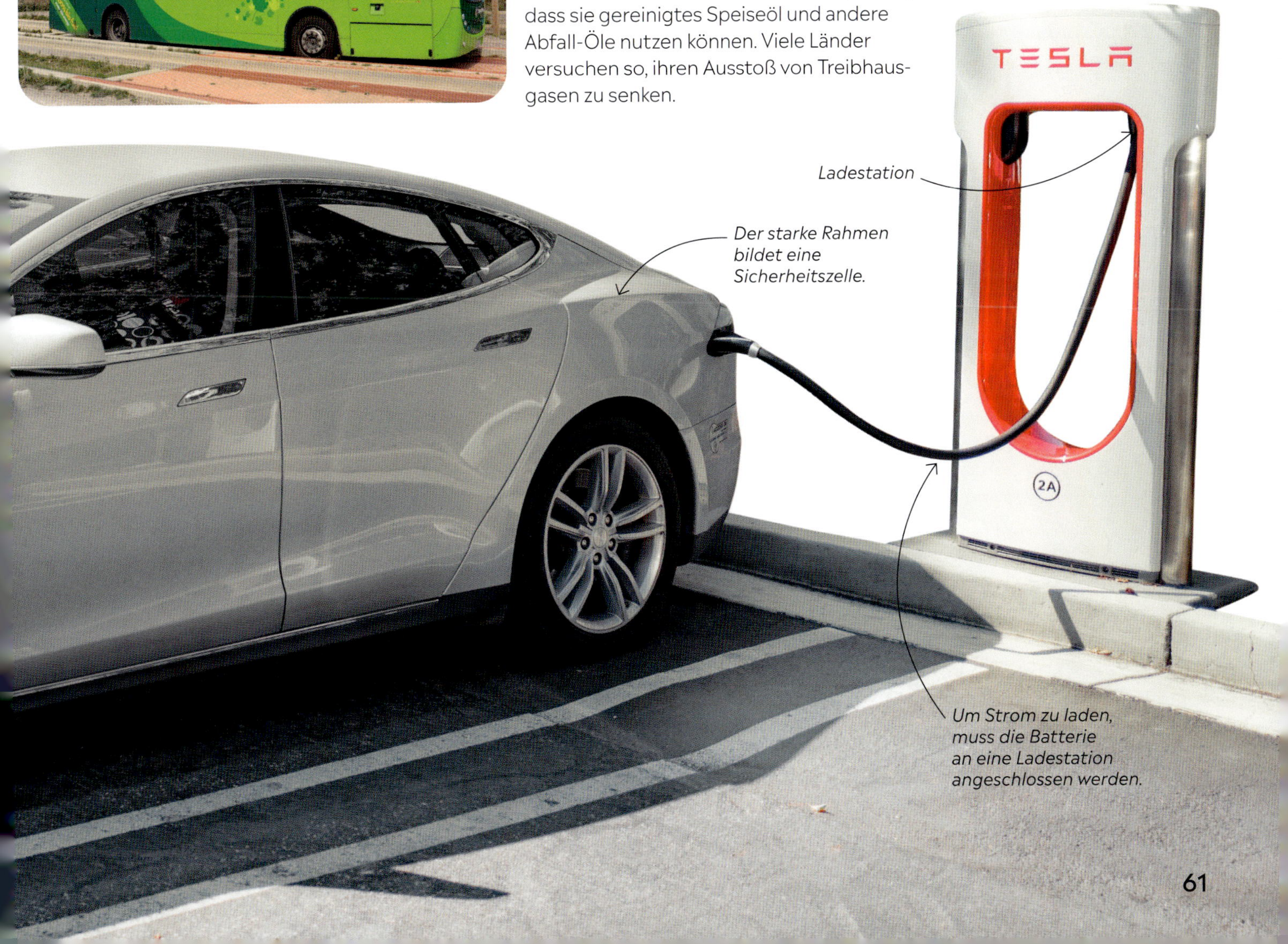

# Dein $CO_2$-Fußabdruck

Du kannst dazu beitragen, den Klimawandel aufzuhalten. Wenn du deinen Ausstoß von Treibhausgasen wie $CO_2$, senkst, verringert sich dein „$CO_2$-Fußabdruck“. Das gelingt mit einem klimafreundlichen Lebensstil. Dazu gehört, darauf zu achten, was du isst. Du kannst weniger einkaufen, Dinge wiederverwenden, mit dem Rad oder öffentlichen Verkehrsmitteln fahren.

## Weniger Fleisch

Tiere stoßen Methan aus, vor allem Rinder. Deshalb ist Viehzucht schlecht für das Klima. Außerdem wird Regenwald abgeholzt, um Weideflächen zu schaffen. Der Transport von Fleisch aus dem Ausland kostet viel Energie und erzeugt Treibhausgase: Jedes Gramm Rindfleisch kann bis zu 6800 g Treibhausgase verursachen.

**AUSBLICK**

**Wiederaufforstung in Äthiopien**
2019 hat Äthiopien angefangen, abgeholzte Wälder wieder zu bepflanzen. So soll verhindert werden, dass sich Wüsten ausbreiten. Und es soll mehr $CO_2$ aufgefangen werden. Bis 2024 werden 20 Milliarden Bäume gepflanzt.

## Etwas weniger

Die Heizung schaltet sich ab, wenn die eingestellte Temperatur erreicht ist. 1 °C weniger bedeutet 235 kg weniger $CO_2$ pro Jahr. Eine Raumtemperatur von 18–20 °C ist genau richtig. Wer friert, zieht einfach etwas mehr an.

## Muskelkraft

Autos setzen viele Treibhausgase frei. Daher sollten wir sie weniger nutzen. Gerade auf kurzen Strecken verbrauchen sie viel mehr Sprit pro Kilometer als auf Langstrecken. Besser für das Klima sind öffentliche Verkehrsmittel. Willst du fit bleiben, nimm das Fahrrad oder geh zu Fuß. Muss es das Auto sein, dann fahr mit anderen zusammen.

## Fahr Bahn!

Kurze Strecken mit dem Flugzeug zurückzulegen schadet dem Klima: Ein Flug von London nach Paris verursacht 244 kg $CO_2$ pro Passagier, eine Fahrt im Zug nur 22 kg. Für Langstrecken lässt sich der $CO_2$-Ausstoß ausgleichen. Passagiere zahlen etwas mehr für den Flug und unterstützen damit Projekte, die helfen, den $CO_2$-Ausstoß zu verringern.

## Clever einkaufen

Kaufe möglichst Dinge, die vor Ort hergestellt werden. Gehe zu Fuß einkaufen oder nimm den Bus. Vermeide Produkte, die um die halbe Welt reisen. Achte darauf, woher Lebensmittel stammen. Versuche, weniger exotische Lebensmittel zu essen. Suche lieber Alternativen aus deiner Region. Achte auch auf die Verpackung.

## Einfach ausstecken

Selbst wenn ein Gerät ausgeschaltet ist, verbraucht es oft noch Strom. Diese „Standby"-Funktion verursacht einen hohen $CO_2$-Ausstoß. Auch Ladegeräte verbrauchen Strom, wenn sie eingesteckt bleiben. Überlege, welche Geräte du ganz ausstecken kannst, ohne dass Daten verloren gehen.

*Recycling-Tonnen für unterschiedlichen Abfall*

## Wiederverwenden

Dinge wegzuwerfen ist schlecht für das Klima. Denn Mülldeponien setzen Methan frei und die Müllverbrennung auch andere Treibhausgase. Bei der Herstellung von neuen Produkten entstehen ebenfalls Treibhausgase. Deshalb ist es besser, Dinge möglichst lange zu verwenden.

# Wer erzeugt **Treibhausgase?**

Vieles, was wir Menschen tun, erzeugt Treibhausgase wie $CO_2$. Und die treiben den Klimawandel voran. Einige Länder setzen aber mehr frei als andere. Das kommt, weil sie größer oder reicher sind. Die Bewohner reicher Länder haben einen größeren $CO_2$-Fußabdruck (siehe S. 62).

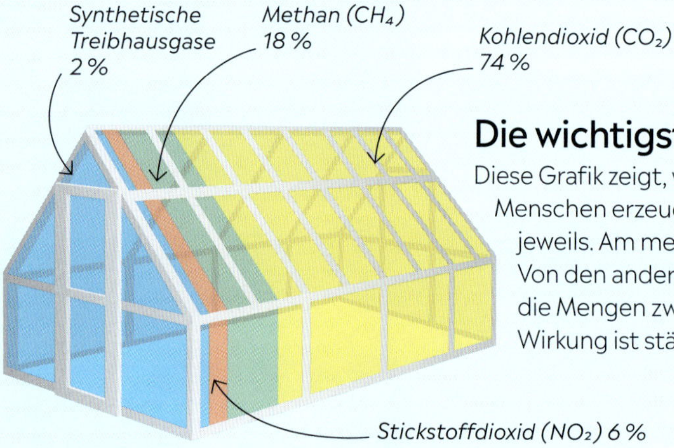


## Die wichtigsten Treibhausgase

Diese Grafik zeigt, welche Treibhausgase wir Menschen erzeugen und wie viel davon jeweils. Am meisten setzen wir $CO_2$ frei. Von den anderen Treibhausgasen sind die Mengen zwar kleiner, aber ihre Wirkung ist stärker als die von $CO_2$.

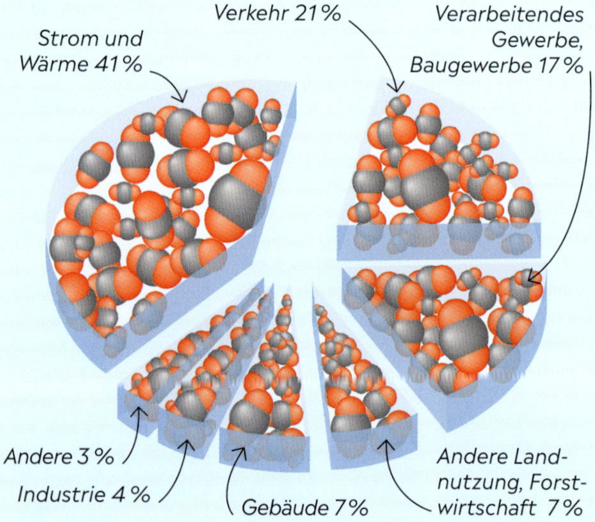


## Wer erzeugt $CO_2$?

Von allen Treibhausgasen hat $CO_2$ derzeit den größten Einfluss auf das Klima. Das meiste $CO_2$ stammt aus Kraftwerken, die Kohle oder Erdgas verbrennen. Aber auch die Industrie und der Verkehr setzen viel frei. Mit „andere Landnutzung" sind die Abholzung und Brandrodung von Wäldern gemeint.

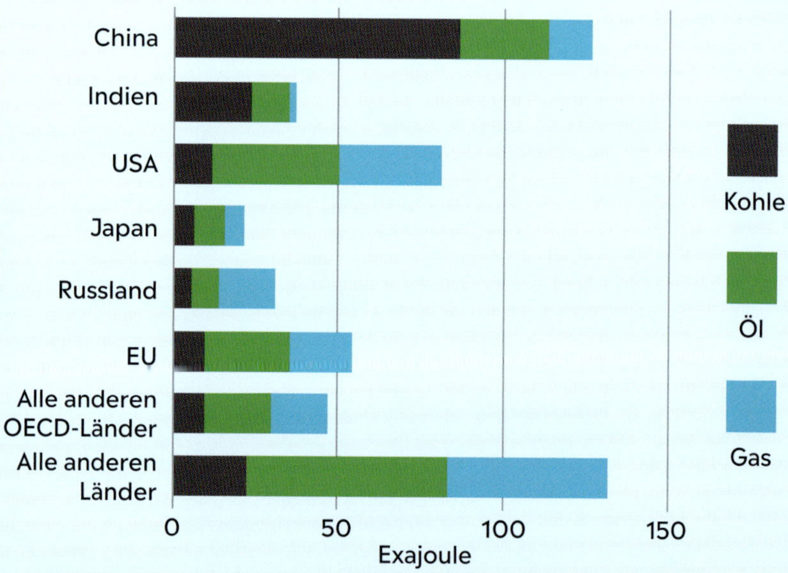


## Verbrauch fossiler Brennstoffe

Die Verbrennung von fossilen Brennstoffen verursacht am meisten $CO_2$. Die größten Verbraucher sind China, die USA und die EU. Kohle erzeugt bei der Verbrennung mehr $CO_2$ als jeder andere Brennstoff. Daher tragen Länder, die viel Kohle verbrennen (wie China), auch viel mehr zum Klimawandel bei als Länder, die eher Gas nutzen.

## Die Verursacher

Fast alle Aktivitäten verursachen Treibhausgase. Wir können diese Aktivitäten in acht Bereiche einteilen. Den größten Anteil am $CO_2$-Ausstoß haben Kohle- und Gaskraftwerke, die Strom erzeugen. Aber auch die Menge an $CO_2$, die auf den Verkehr zurückgeht, nimmt zu. Das Bild kann sich ändern, wenn die Zerstörung der Regenwälder weitergeht oder wir weniger fossile Brennstoffe nutzen.

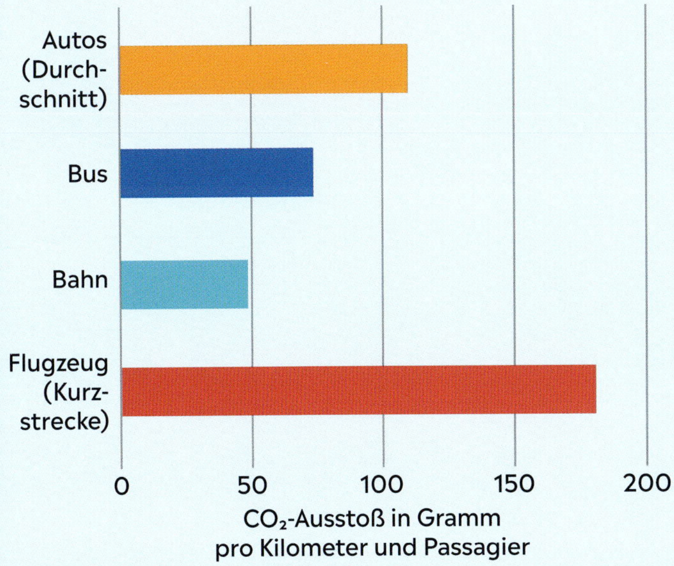


## Transport

Die meisten Verkehrsmittel werden mit fossilen Kraftstoffen angetrieben. Doch manche Verkehrsmittel sind sparsamer als andere. Elektrische Züge brauchen etwa keine schweren Treibstofftanks, um ihre Motoren zu betreiben. Flugzeuge sind am wenigsten sparsam, vor allem auf kurzen Strecken.

**USA**
18 Tonnen pro Jahr
Einwohnerzahl: 333 Mio.

**Kanada**
16 Tonnen pro Jahr
Einwohnerzahl: 37 Mio.

**Australien**
15 Tonnen pro Jahr
Einwohnerzahl: 25,8 Mio.

**Japan**
11 Tonnen pro Jahr
Einwohnerzahl: 125,7 Mio.

**Russland**
9,4 Tonnen pro Jahr
Einwohnerzahl: 144,5 Mio.

**Großbritannien**
8,3 Tonnen pro Jahr
Einwohnerzahl: 68,7 Mio.

**Frankreich**
7,1 Tonnen pro Jahr
Einwohnerzahl: 68 Mio.

**China**
6 Tonnen pro Jahr
Einwohnerzahl: 1411 Mio.

**Brasilien**
2,5 Tonnen pro Jahr; Einwohnerzahl: 214,5 Mio.

**Indien**
1,7 Tonnen pro Jahr; Einwohnerzahl: 1422 Mio.

## $CO_2$-Ausstoß pro Einwohner

An der Größe der Flaggen kannst zu erkennen, wie viel $CO_2$ jede Person pro Jahr verursacht. Bürger in den USA sehr viel, in Indien wenig. In Deutschland trägt jeder Bürger im Jahr durchschnittlich 10,5 Tonnen (2023) zum $CO_2$-Ausstoß bei. Das sind fast 4 Tonnen mehr, als jeder Weltbürger im Durchschnitt freisetzt.

# Chronik

Wissenschaftler untersuchen anhand von Gestein, Eisbohrkernen und dem Wachstum von Pflanzen, wie sich das Klima auf der Erde in Millionen von Jahren verändert hat. Im 18. Jahrhundert hat man damit begonnen, das Wetter aufzuzeichnen. Veränderungen in der Atmosphäre werden erst seit 150 Jahren festgehalten. Die Zeittafel zeigt dir Ereignisse, die große Folgen für das Erdklima hatten.

Das Modell eines Velociraptors

**Vor 250 Mio. Jahren**
Viele große Vulkanausbrüche setzen riesige Mengen an $CO_2$ frei. Der Treibhauseffekt führt zu einer starken Erderwärmung und macht Leben auf der Erde fast unmöglich. Bei diesem größten Massenaussterben der Geschichte verschwinden 96 % aller Arten.

**Vor 250–65 Mio. Jahren**
Eine warme, eisfreie Zeit führt zur Ausbreitung der Dinosaurier und endet mit dem zweiten Massenaussterben. Vielleicht waren Vulkanausbrüche schuld daran oder der Einschlag eines riesigen Asteroiden (Kleinplanet).

**Vor 55 Mio. Jahren**
Es beginnt eine lange kühlere Periode, die zu den Eiszeiten führt. Diese erreichten vor etwa 20 000 Jahren ihren Höhepunkt. Im Vergleich zu damals leben wir heute in einer warmen Zeit.

**Vor 15 000 Jahren**
Die letzte Eiszeit geht langsam zu Ende. Weite Teile Nordamerikas, Europas und Nordasiens sind noch bedeckt mit Eis. Doch es beginnt zu schmelzen.

**Vor 13 000 Jahren**
Durch die riesigen Mengen Schmelzwasser, die in den Nordatlantik eindringen, verändern sich die Meeresströmungen. Das führt zu einem lokalen Temperaturabfall, der 1300 Jahre lang anhält. Dieser Zeitraum heißt „Jüngere Dryas".

**Vor 8000 Jahren**
Die ersten Landwirte brennen große Wällder ab, um Felder anzulegen. Dadurch steigt der $CO_2$-Gehalt in der Atmosphäre um etwa 8 %.

**Vor 6000 Jahren**
In Nordafrika beendet eine Dürre das Monsunklima, das 8000 Jahre andauerte. Aus tropischem Grasland wird eine riesige Wüste: die Sahara.

**1000 n. C.**
Die „mittelalterliche Warmzeit" erreicht ihren Höhepunkt. Damals war es auf der Erde genauso warm wie heute. In Mexiko verlassen viele Maya ihre Städte wegen einer lang anhaltenden Dürre.

**1430**
In Europa beginnt die „Kleine Eiszeit", die bis ins 19. Jh. andauert. Wegen der niedrigen Temperaturen kommt es zu Missernten und Hungersnöten. Die Gewässer frieren im Winter zu. Das kann mit Vulkanausbrüchen zusammenhängen.

**1607**
Der erste Frostjahrmarkt findet auf der zuge frorenen Themse in London statt. Den letzten Frostjahrmarkt gibt es 1813, am Ende der Kleinen Eiszeit.

**1709**
Der britische Fabrikant Abraham Darby findet heraus, wie sich mit Kohle Eisen herstellen lässt. Ab dem Moment werden fossile Brennstoffe für die Industrie genutzt. Diese „industrielle Revolution" führt zu einem viel höheren $CO_2$-Gehalt in der Atmosphäre als bisher.

**1815**
Der Vulkan Tambora in Indonesien bricht aus. Es ist der größte Vulkanausbruch der Geschichte. Asche aus der Luft verdunkelt die Erde und führt 1816 zum „Jahr ohne Sommer".

**1827**
Der französische Mathematiker Jean Baptiste Fourier entdeckt den Treibhauseffekt. Er erkennt, dass Gase in der Atmosphäre die Wärme der Erde aufnehmen.

**1840**
Der Wissenschaftler Louis Agassiz aus der Schweiz verkündet die Theorie von den Eiszeiten. Er findet heraus, dass Nordeuropa früher von Eis bedeckt war.

**1847**
In Baku (Aserbaidschan) wird die erste Ölquelle der Welt angezapft.

**1856**
Die erste Raffinerie für Rohöl wird in Ulaszowice (Polen) betrieben.

**1863**
Der Wissenschaftler John Tyndall aus Irland entdeckt, dass Wasserdampf als Treibhausgas wirken kann.

Die Glühbirne, 1879 erfunden vo Thomas Edison

**1882**
Der Erfinder Thomas Edison aus den USA baut das erste Kohlekraftwerk der Welt. Die Anlage in der Pearl Street in New York erzeugt Strom für die Glühbirnen, die Edison 1879 erfunden hat

**1885**
Der deutsche Ingenieur Karl Benz entwickelt das erste brauchbare Auto mit Benzinmotor.

**1895**
Der Physiker Svante Arrhenius aus Schweden (siehe S. 7) erkennt, dass die Verbrennung von Kohle den Treibhauseffekt in der Atmosphäre verstärkt und die Erderwärmung verursachen könnte.

**1904**
Extreme Dürre und Hitze in Deutschland führt zu Ernteausfällen und Massenauswanderungen in die USA.

**1908**
In den USA läuft das erste Ford-Modell T vom Fließband. Immer mehr Leute kaufen Autos.

**1920**
Der Wissenschaftler Milutin Milankovitch aus Serbien entdeckt, dass die Erde die Sonne nicht immer auf der gleichen Bahn umkreist. Das führt zu Veränderungen der Erdtemperatur. So sind vermutlich die Eiszeiten entstanden.

**1931**
Nach drei Jahren Dürre fällt in China monatelang extrem viel Regen. Der Jangtse-Fluss steigt auf 29 m über normal. Es kommt zu enormen Überschwemmungen. 3,7 Mio. Menschen sterben an Krankheiten, Hunger oder durch Ertrinken. Es ist die schlimmste Naturkatastrophe in der Geschichte.

**1932**
Nach jahrelanger Dürre wird der trockene Boden in dem Dust Bowl genannten Bereich im Mittleren Westen der USA weggeblasen. Die Staubstürme halten bis 1939 an.

**1939**
Der britische Ingenieur Guy Stewart Callendar entdeckt, dass die Erde seit dem 19. Jh. wärmer geworden ist. Er glaubt, dass ein Anstieg des $CO_2$-Gehalts um 10 % dazu geführt hat. Seinen Berechnungen nach lässt eine Verdoppelung des $CO_2$-Gehalts die durchschnittliche Erdtemperatur um 2 °C steigen.

**1945**
Fast 100 Jahre ist die Temperatur der Erde ständig gestiegen. Nun sinkt sie langsam, weil Ruß und andere Teilchen das Sonnenlicht stärker zurückstrahlen.

**1957**
Der Meeresforscher Roger Revelle aus den USA findet heraus, dass die Ozeane nicht alles $CO_2$, das durch die Verbrennung fossiler Brennstoffe entsteht, aufnehmen können. Er warnt davor, dass die Menschen mit dem Ausstoß von Treibhausgasen ein gefährliches „Experiment" durchführen.

**1958**
Charles Keeling (siehe S. 9) misst den $CO_2$-Gehalt in der Atmosphäre. Er tut dies erst am Südpol, dann auf Hawaii. In den Jahren danach stellt er fest, dass der $CO_2$-Anstieg anhält, aber nicht gleichmäßig ist. Das liegt wohl an den kalten Wintern auf der Nordhalbkugel. Die Linie, die so entsteht, wird „Keeling-Kurve" genannt.

**1962**
Der russische Klimaforscher Mikhail Budyko sagt eine starke Erderwärmung im 21. Jh. voraus. Der Grund dafür ist, dass die Bevölkerung auf der Erde wächst.

**1967**
Die Wissenschaftler Syukuro Manabe (siehe S. 39) und Richard Wetherald erstellen ein Computermodell des Erdklimas. Ihre Ergebnisse bestätigen Callendars Vermutung (siehe 1939), dass eine Verdopplung des $CO_2$-Gehalts in der Atmosphäre zu einem Anstieg der Erdtemperatur um 2 °C führen könnte. Spätere Computermodelle gehen von 3 °C aus.

1987 trifft ein schwerer Sturm Großbritannien und lässt Bäume umstürzen.

**1968–1974**
Die Sahelzone am südlichen Rand der Sahara in Afrika leidet unter einer Dürre, die sieben Jahre dauert. Millionen Menschen verhungern. Danach sind 50 Mio. Menschen auf Nahrungsmittelhilfe angewiesen.

**1970**
Der schlimmste Tropensturm des 20. Jh. ereignet sich in Bangladesch. Dort reißt eine 7,5 m hohe Sturmflut im Golf von Bengalen bis zu 500 000 Menschen in den Tod.

**1976/77**
Europa leidet unter einer großen Dürre. In Großbritannien ist es die schlimmste Dürre seit 250 Jahren.

**1977**
Nach der „globalen Verdunkelung" durch Luftverschmutzung mit Ruß zeigen Klimadaten, dass die Erdtemperatur wieder ansteigt.

**1982**
Der Physiker Hans Oeschger aus der Schweiz entdeckt in Eisbohrkernen aus Grönland Luftbläschen aus der Atmosphäre. Und die zeigen einen Zusammenhang zwischen dem Anstieg des $CO_2$-Gehalts und der Erderwärmung.

**1982/83**
Im Osten Australiens löst die schlimmste Dürre des 20. Jh. die „Aschermittwochsbrände" aus. Dabei kommen in Victoria und Südaustralien mehr als 60 Menschen ums Leben.

**1983–85**
In Äthiopien und im Sudan führen Bürgerkriege und Dürre zu Missernten und Hungersnöten. 450 000 Menschen sterben und Millionen geraten in Armut.

**1985**
Ein Bohrtrupp auf der russischen Forschungsstation Wostok am Südpol erstellt einen Eisbohrkern. An ihm lassen sich die Temperatur und der $CO_2$-Gehalt der letzten 150 000 Jahre ablesen. Das zeigt, dass beide Werte ähnlich gestiegen und gefallen sind. Es beweist, dass zwischen beiden ein Zusammenhang besteht.

**1988**
Die Vereinten Nationen wollen mehr über den Klimawandel wissen. Dafür gründen sie einen wissenschaftlichen Rat, den Klimarat. Seine Aufgabe ist es, die Ergebnisse von Klimaforschungen in Berichten festzuhalten. Der erste Bericht erscheint 1990.

**1990**
Ein tropischer Wirbelsturm im Indischen Ozean erzeugt eine 6 m hohe Sturmflut. Dadurch werden Teile von Bangladesch überschwemmt und es sterben etwa 148 000 Menschen.

**1990**
In den USA erstellt der Wissenschaftler Syukuro Manabe ein Computermodell vom Weltklima. Es zeigt, dass die Erderwärmung den Golfstrom abschwächen kann. Dadurch könnte es in Nordeuropa eher kühler als wärmer werden.

Dieser Eisbohrkern beweist, dass der $CO_2$-Gehalt in der Luft die Erdtemperatur beeinflusst.

**1991**
Auf den Philippinen bricht der Vulkan Pinatubo aus. Dabei wird so viel Asche in die Atmosphäre geschleudert, dass die durchschnittliche Erdtemperatur zwei Jahre lang sinkt.

**1991/92**
Afrika erlebt die schlimmste Dürre des 20. Jh.: 6,7 Mio. km² (fast 20 x die Fläche Deutschlands) sind betroffen.

**1997**
Brände in Indonesien zerstören mehr als 3000 km² Wald. Die riesige Rauchwolke trägt viel $CO_2$ in die Atmosphäre. Etwa ein Drittel der Menge, die weltweit in einem Jahr durch die Verbrennung fossiler Brennstoffe entsteht.

**1997**
In Kyoto (Japan) vereinbaren viele Länder, den Ausstoß von Treibhausgasen bis 2012 um 5% zu senken. Die USA und Australien stimmen diesem „Kyoto-Protokoll" nicht zu. 2005 tritt die Vereinbarung offiziell in Kraft.

**1999**
Orkan Lothar, einer der schwersten und teuersten Stürme, richtet in ganz Mitteleuropa große Schäden an.

**2001**
In seinem dritten Bericht stellt der Klimarat fest, dass es unter Wissenschaftlern keinen Zweifel daran gibt, dass die Menschen den Klimawandel verursachen. Der Bericht beinhaltet eine Grafik mit der Entwicklung der Temperatur in den letzten 1000 Jahren. Sie sieht aus wie ein liegender Hockeyschläger.

**2002**
Das Larsen-B-Schelfeis am Südpol bricht innerhalb von 35 Tagen ab. 3250 km² Eis driften ab und schmelzen im Ozean.

**2002**
Starkregen im Sommer 2002 lassen die Flusspegel von Elbe und Donau in Deutschland, Tschechien und Österreich extrem ansteigen. Besonders dramatisch war die Situation in Sachsen. Noch heute spricht man von einem Jahrhunderthochwasser.

**2005 verursacht der Wirbelsturm Katrina große Überschwemmungen.**

**2003**
Europa erlebt die schlimmste Hitzewelle seit 500 Jahren. Die Temperaturen steigen teilweise auf über 40 °C. Mindestens 30 000 Menschen sterben.

**2004**
Wissenschaftler warnen, dass bis zum Jahr 2050 mehr als die Hälfte aller Tier- und Pflanzenarten auf der Welt aufgrund des Klimawandels aussterben könnten.

**2004**
Messungen im Atlantik zeigen, dass sich der Golfstrom seit den 1960er-Jahren verlangsamt hat. Wissenschaftler befürchten, dass er ganz verschwinden könnte.

**2007**
Südeuropa leidet unter schweren Hitzewellen. In Griechenland herrschen Temperaturen von bis zu 46 °C. Es gibt viele Waldbrände und Tote. Gleichzeitig sorgt Dauerregen in Westeuropa für Hochwasser. Computermodelle haben die Stärke der Niederschläge vorhergesagt.

**2012**
Die Meereisfläche am Nordpol war seit Beginn der Aufzeichnungen 1979 noch nie so klein.

**2013**
In seinem fünften Bericht stellt der Klimarat fest, dass die Erderwärmung eine Tatsache ist.

**Wald nach Bränden in Australien 2019/20**

**2005**
Polarforscher warnen, dass der Eisschild am westlichen Südpol abbröckeln und der Meeresspiegel um bis zu 5 m ansteigen könnte.

**2005**
Mit 14 Wirbelstürmen erlebt der Atlantik die schlimmste Wirbelsturmsaison aller Zeiten. Wirbelsturm Katrina zerstört einen Großteil von New Orleans (USA).

**2006**
Mehrere Gletscher in Grönland fließen viel schneller als früher. Das könnte bedeuten, dass die Ränder des Eisschilds schneller auf die Erderwärmung reagieren als vorhergesagt.

**2007**
China löst die USA als größter Produzent von Treibhausgasen ab. Und das, obwohl jeder Bürger in China nur ein Viertel der Menge verursacht, die ein Bürger in den USA erzeugt. Schuld an dem Anstieg ist vor allem die Stromerzeugung durch Kohlekraftwerke.

**2015**
195 Länder unterschreiben das „Abkommen von Paris". Die Erderwärmung soll auf weniger als 2 °C begrenzt werden.

**2019/20**
Rekordhitze und Dürre führen in Australien zu enormen Waldbränden. Dabei sterben mindestens 34 Menschen und etwa 18,6 Mio. Hektar Wald werden zerstört. Milliarden Tiere sterben, einige sind vom Aussterben bedroht.

**2021**
Riesige Regenmengen gehen über Westeuropa nieder. Flüsse treten über die Ufer und richten enorme Schäden an, auch in Deutschland.

**2022/2023**
Die Sommer 2022 und 2023 waren die heißesten in Europa seit Beginn der Aufzeichnungen. Mehrere starke Hitzewellen und große Trockenheit führten u.a. zu verheerenden Waldbränden in Spanien und Griechenland.

# Mehr **erfahren**

In der Zeitung und anderen Medien kannst du regelmäßig etwas über das Klima und den Klimawandel erfahren. Noch mehr Informationen findest du im Internet, in Museen und bei Instituten, die das Klima erforschen. Natürlich kannst du auch selbst „Klimaforscher" werden. Zum Beispiel, indem du das tägliche Wetter aufzeichnest oder berechnest, wie viel Energie deine Familie einsparen könnte.

## Ausflüge ins Museum

Viele Museen haben hervorragende Ausstellungen zu den Themen, die in diesem Buch vorkommen. Dazu gehören das Deutsche Museum in München, das Klimahaus in Bremerhaven und das Technische Museum in Wien (Österreich).

## Echte und Internet-Besuche

Vielleicht kann deine Klasse einen Ausflug mit einem passenden Ziel organisieren: zu einem Windpark (siehe unten), einem Wasserkraftwerk, einem Gezeitensperrwerk, einer Recyclinganlage, einer klimafreundlichen Wohnsiedlung, einer Ökostadt oder einem Naturschutzgebiet. Im Internet gibt es virtuelle Rundgänge und Webcams, die einen tollen Einblick in die neueste Forschung erlauben.

### INTERNETADRESSEN

- Warum ist der Treibhauseffekt so gefährlich?
  **www.seilnacht.com/Lexikon/Treibh.htm**
- Alles über Klimawandel
  **https://www.zdf.de/kinder/logo/es-klimawandel-100.html**
- Ausführliche Webseite zum Klimaschutz mit Film
  **www.hanisauland.de/spezial/klimaschutz/**
- Was passiert, wenn die Gletscher schmelzen?
  **www.planet-wissen.de/natur/klima/gletscher/pwiegletscherschmelze100.html**
- Der Klimawandel und seine Folgen
  **https://www.nabu.de/umwelt-und-ressourcen/klima-und-luft/klimaschutz-deutschland-und-europa/30752.html**
- Energiespartipps
  **www.niedersachsen.de/kinder/wie-kann-man-energie-sparen-einfache-energiespartipps-fur-alle-214438.html**

### WIE GROSS IST DEIN $CO_2$-FUSSABDRUCK?

Willst du wissen, wie groß dein $CO_2$-Fußabdruck ist? Berechne ihn: **https://www.kindermuseum.at/zoom_programmangebot/zoom_science/oekologischer_fussabruck**. Tolle Ideen, wie du deinen Ausstoß von Treibhausgasen verringern kannst, findest du hier: **https://www.kindersache.de/bereiche/wissen/natur-und-mensch/dein-oekologischer-fussabdruck**.

## Den Südpol sehen

Die britische Polarforschung betreibt Webcams an ihren Stationen Halley und Rothera und an Bord der Forschungsschiffe *RRS James Clark Ross* und *RRS Ernest Shackleton* (**https://www.bas.ac.uk/data/our-data/images/webcams/**). Außerdem hat die Regierung von Südgeorgien eine Webcam am King Edward Point.

# Glossar

**Albedo**
Feste Stoffe nehmen einen Teil des Lichts auf und strahlen den Rest zurück. Je mehr Licht zurückgestrahlt wird, umso größer der Albedo-Effekt.

**Alkalisch**
Wenn ein Stoff bestimmte Mineralien enthält, die ihn nicht sauer machen, ist er alkalisch. Meerwasser ist von Natur aus alkalisch. Durch die Aufnahme von viel $CO_2$ wird es immer saurer.

**Anthrazit**
Dies ist eine sehr harte Kohle. Sie weist von allen Kohlesorten am meisten Kohlenstoff auf. Und sie enthält die wenigsten Verunreinigungen.

**Atmosphäre**
Die Gasschichten, die die Erde oder einen anderen Planeten umgeben.

**Bakterien**
Eine große Gruppe mikroskopisch kleiner, einzelliger Organismen. Sie können Krankheiten auslösen, sind aber auch wichtig für die Zersetzung von Stoffen.

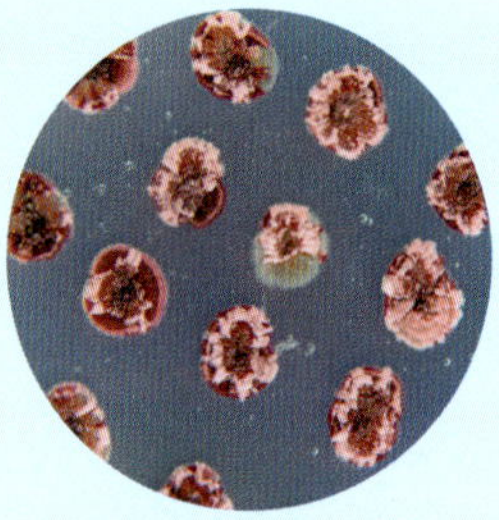

Bakterien

**Biokraftstoff**
Brennstoff aus Biomasse, zumeist aus Pflanzen.

**Biomasse**
Besteht aus lebenden Organismen wie Pflanzen und Tieren und deren Nebenprodukten wie Gülle oder Gartenabfällen.

**Biosphäre**
Der Teil von der Erdoberfläche, Ozeanen und der Atmosphäre, den Lebewesen bewohnen.

**Brennstoffzelle**
Eine Brennstoffzelle wandelt einen Brennstoff wie Wasserstoff in Strom um. Anders als eine Batterie muss sie nicht aufgeladen werden.

**$CO_2$-Ausstoß**
Die Menge $CO_2$, die in die Atmosphäre ausgestoßen wird. Der größte Teil stammt aus der Verbrennung fossiler Brennstoffe.

**Dämmung/Isolierung**
Materialien oder Techniken, die den Verlust an Wärme verringern. Wände eines Hauses sollten zum Beispiel gedämmt sein.

**Daten**
Eine Reihe von Beobachtungen, Messwerten oder Fakten, um Schlussfolgerungen zu ziehen oder die Forschung zu unterstützen.

**Dürre**
Eine lange Periode ohne Niederschlag.

**Eisschild**
Jede große Masse von Gletschereis, die mehr als 50 000 km² bedeckt. Grönland und der Südpol sind Eisschilde.

**Erneuerbare Energien**
Natürliche Energiequellen, die endlos genutzt werden können. Dazu gehören Wind, Wasser und Sonne. Oder natürliche Quellen, die wieder nachwachsen, etwa Holz.

**Fossile Brennstoffe**
Kohle, Öl und Ölprodukte wie Diesel und Erdgas sind Brennstoffe aus Kohlenstoff oder Kohlenwasserstoff. Sie entstehen durch die Umwandlung von Pflanzen- und Tierresten. Bei der Verbrennung wird $CO_2$ freigesetzt.

**Fotosynthese**
Pflanzen und ähnliche Organismen nutzen das Sonnenlicht, um aus Wasser und $CO_2$ Zucker herzustellen. Das nennt man Fotosynthese.

**Fruchtbar**
Beschreibt einen Boden, der reich an Nährstoffen ist, sodass Pflanzen gut wachsen.

**Gemäßigte Zone**
Eine Klimazone, in der meistens milde Temperaturen herrschen und die Niederschläge sich in Grenzen halten.

**Geologie**
Die Wissenschaft, die sich mit Steinen und dem Aufbau der Erde befasst.

**Gletscher**
Eine Eismasse, die sich langsam bewegt und aus verdichtetem Schnee entstanden ist.

**Industrialisierung**
Die Entwicklung von Industrien wie etwa Unternehmen, die etwas herstellen oder bauen. Für die große Menge an benötigter Energie werden meist fossile Brennstoffe verbrannt.

**Infrarot**
Eine Strahlung, die wir als Wärme wahrnehmen. Die Wellenlänge ist länger als die von Licht, aber kürzer als die von Radiowellen.

Tanksäule

**Interaktion**
Zwei oder mehr Dinge beeinflussen sich gegenseitig.

**Kältemittel**
Eine Flüssigkeit, die Wärme aufnimmt und aus Kühl- und Gefrierschränken entfernt. Früher wurden als Kältemittel oft FCKW verwendet. Das sind starke Treibhausgase, die die schützende Ozonschicht in der Atmosphäre zerstören.

**Karbonat**
Ein Salz, das aus Kohlensäure hergestellt wird.

**Kohlendioxid ($CO_2$)**
Ein Gas, das man weder sehen noch riechen kann. Es entsteht, wenn sich Kohlenstoff mit Sauerstoff verbindet. Tiere atmen es aus und Pflanzen nutzen es für die Fotosynthese. Kein anderes Gas treibt den Klimawandel so stark an.

Ausgedörrtes Land während einer Dürre

**Kohlenhydrate**
Eine große Gruppe organischer Verbindungen, zum Beispiel Zucker, die Kohlenstoff, Wasserstoff und Sauerstoff enthalten. Kohlenhydrate sind eine wichtige Energiequelle. Sie kommen in vielen Lebensmitteln vor, zum Beispiel Kartoffeln oder Brot.

**Kohlenstoff**
Ein nicht metallisches Element, das in allen organischen Verbindungen existiert.

**Kohlenwasserstoff**
Eine organische Verbindung, die nur aus Wasserstoff und Kohlenstoff besteht.

**Meeresspiegel**
Die Höhe der Meeresoberfläche im Vergleich zum Festland. Alle Höhen an Land werden im Verhältnis zum durchschnittlichen Meeresspiegel gemessen.

**Molekül**
Mehrere einzelne Atome, die durch chemische Bindungen zusammengehalten werden. Ein Methanmolekül (Erdgas) besteht zum Beispiel aus einem Kohlenstoffatom, das an vier Wasserstoffatome gebunden ist.

**Monsun**
Ein Windwechsel in einer bestimmten Saison, der das Wetter bestimmt. Kommt vor allem in tropischen Regionen vor. Er bringt eine feuchte oder trockene Wetterperiode.

**Nachhaltig**
Beschreibt die Nutzung natürlicher Quellen auf eine Art und Weise, welche die Umwelt nicht schädigt.

**Oxidation**
Eine chemische Reaktion mit dem Gas Sauerstoff. Wenn zum Beispiel Kohlenstoff mit Sauerstoff reagiert, oxidiert er und wird zu $CO_2$.

**Ozon**
Eine Form von Sauerstoff. Die Ozonschicht schützt die Erde vor schädlicher Sonnenstrahlung.

**Partikel**
Ein winziges Teilchen fester Materie.

**Permafrost**
Ein Boden, der immer gefroren ist.

**Plankton**
Winzige Lebewesen in der oberen, hellen Schicht von Meeren und Seen. Dazu gehören pflanzenähnliche Organismen und Tiere.

**Radioaktiv**
Wenn ein Atomkern Energiewellen in Form von elektromagnetischen Wellen aussendet. Uran ist radioaktiv.

Tropischer Regenwald

**Rückkopplung**
Eine Reaktion auf ein bestimmtes Ereignis.

**Sauerstoff**
Ein Gas, das man weder sehen noch riechen kann. Es ist lebenswichtig für die meisten Organismen. Sauerstoff macht etwa ein Fünftel der Erdatmosphäre aus.

**Schelfeis**
Eine dicke Eisplatte. Sie entsteht dort, wo ein Eisschild oder ein Gletscher zu einer Küste und auf das Meer hinausfließt.

**Schwankungen**
Unregelmäßige Veränderungen von bestimmten Größen, zum Beispiel Temperaturen oder dem Meeresspiegel.

**Sonneneinstrahlung**
Die von der Sonne erzeugten Lichtwellen. Ein Teil dieser Energie ist als Sonnenlicht sichtbar.

**Sonnenenergie**
Energie, die mit Sonnenkollektoren und -paneelen erzeugt wird. Auch Solarenergie genannt. So wird mit Sonnenlicht Wärme oder Strom erzeugt.

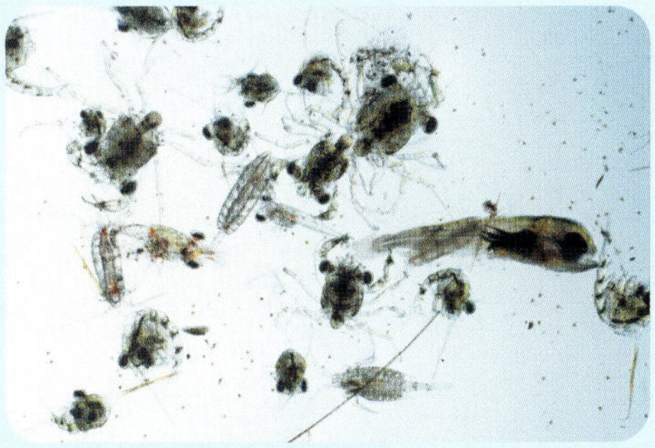

Plankton

**Sturmflut**
Ein örtlicher starker Anstieg des Meeresspiegels. Meistens wird er durch ein Tiefdruckgebiet wie einen Wirbelsturm verursacht.

**Tropen**
Eine Klimazone, in der es sehr heiß und oft nass oder feucht ist.

**Tundra**
Kaltes, baumloses Land am Rand der Polarregionen, zwischen den Wäldern und dem ewigen Eis.

**Turbine**
Eine Maschine, in der Luft oder Wasser einen Rotor mit Schaufeln in Bewegung versetzt.

**Vegetation**
Pflanzenwelt, vor allem die in einer bestimmten Region vorkommenden Pflanzen.

**Verdunstung**
Wenn eine Flüssigkeit in Gas verwandelt wird, zum Beispiel Wasser in Wasserdampf.

**Verschmutzung**
Verunreinigung mit Schadstoffen.

**Vorhersage**
Eine Vorhersage beruht auf Beweisen und Beobachtungen. Um Vorhersagen zu treffen, sammeln Wissenschaftler Daten.

**Wanderung**
Wenn Pflanzen oder Tiere von einem Gebiet oder Land in ein anderes ziehen, spricht man von Wanderung. Viele Tiere, vor allem Vögel, wandern von einem Kontinent zum anderen.

**Wasserdampf**
Wasser in Form von unsichtbarem Gas, das Teil der Atmosphäre ist.

# Register



# Dank/Bildnachweis


Der DK Verlag dankt die folgenden Personen für ihre Unterstützung: Rebecca Painter und Kate Scarborough für S. 64–71; Ashwin Khurana für die redaktionelle Unterstützung; Kate Scarborough sowie Joanna Penning für die Registererstellung.

Der Verlag dankt folgenden Personen und Organisationen für die freundliche Genehmigung zum Abdruck von Fotos:

(Abkürzungen: o = oben, u = unten, m = Mitte, l = links, r = rechts, g = ganz, Hg = Hintergrund)

2 Alamy Stock Photo: Adrian Muttitt (mr). Dreamstime.com: Stockphototrends (ur). Getty Images: Corbis Documentary / Steve Austin (mor); Stone / Peter Cade (ul). NASA: (gol). 3 NASA: JPL-Caltech AIRS Project (m). 4 Dreamstime.com: Markus Gann (gol). Science Photo Library: Institute Of Oceanographic Sciences / NERC (ur). 5 Getty Images: DigitalVision / Jose Luis Pelaez Inc (gor). 6 Dorling Kindersley: NASA (gor). 7 Getty Images: UniversalImagesGroup / Universal History Archive (ur). BAS: Karl Tuplin (gol). 9 Dorling Kindersley: NASA (um). Getty Images: The Image Bank Unreleased / Jim Sugar (mr). Science Photo Library: Brian Gadsby (gol). 10 Alamy Stock Photo: Giedrius Stakauskas (um). 10–11 Dreamstime.com: Orlando Florin Rosu / Orla (m); Boonchuay Iamsumang (gom). 11 Dreamstime.com: Saskia Massink / Saspartout (mul); Piboon Srimak / Piboon (ur). Science Photo Library: Bernhard Edmaier (mr). 12 Science Photo Library: David Hay Jones (gor). 13 Alamy Stock Photo: Globe Stock (gor). Environmentalists for Nuclear Energy: (ur). Getty Images: De Agostini Editorial / DEA / Albert Ceolan (gol). 14 Dreamstime.com: Lucy Brown (ul); Markus Gann (gol). 14–15 Getty Images: AFP / Arlan Naeg (m). 15 © 2008 by The Trustees of Columbia University in the City of New York, Lamont-Doherty Earth Observatory: (gor). 16–17 Science Photo Library: British Antarctic Survey (u). 17 Getty Images: Corbis Documentary / Steve Austin (m). Science Photo Library: British Antarctic Survey (mol); Mauro Fermariello (gor). 18 Dreamstime.com: SimonDannhauer (gol). 18–19 Getty Images: Corbis News / Orjan F. Ellingvag (m). 19 Getty Images: Universal Images Group / Avalon (gom, gor). NASA: NASA Worldview, Earth Observing System Data and Information System (EOSDIS) (ul). 20 Alamy Stock Photo: Jim West (ml). Dorling Kindersley: Oxford University Museum of Natural History / Neil Fletcher / The Oxford University Museum of Natural History (mor). Getty Images: Bettmann (ur). 21 Alamy Stock Photo: Imaginechina Limited (mur). Getty Images: Bloomberg / Carina Johansen (l); Westend61 (mol). Science Photo Library: John Clegg (mr). 22–23 Shutterstock.com: Mislik (go). 22 Alamy Stock Photo: Philip Duff (mur). Dreamstime.com: Photomall (mul). Shutterstock.com: Pavel L Photo and Video (um). 23 Shutterstock.com: OlegDoroshin (ul); Bell Ka Pang (um). 24 Dreamstime.com: Sergeychernov (mol). FLPA: Nigel Catgolin (mul). Science Photo Library: Tony Hertz / Agstockusa (ul). 25 Alamy Stock Photo: TTstudio (mol). Getty Images: Alex Livesey (mul). Science Photo Library: Simon Fraser / Northumbrian Environmental Management Ltd (r). 26 Getty Images: AFP / Joel Robine (ml). Reuters: Mario Anzuoni (mul). 26–27 Getty Images: AFP / Bertrand Guay (m). 27 Alamy Stock Photo: Cavan Images / Aurora Photos / Ted Wood (gom). Getty Images: Gamma-Rapho / Greenpeace / Daniel Beltra (gol). NASA: NOAA (gor). NASA's Earth Observatory: (um). Shutterstock.com: EPA / Maxim Shipenkov (ur). 28 Alamy Stock Photo: Padi Prints / Troy TV Stock (ul). Dreamstime.com: Tony Skerl (mul). Shutterstock.com: MCL Yingling (mol). 28–29 Alamy Stock Photo: Robertharding / Tony Waltham (gom). Dreamstime.com: Nataliya Nazarova (um). 29 Alamy Stock Photo: Science History Images / Jessica Wilson (ur). Bridgeman Images: © Wolfgang Neeb (mur). 31 Alamy Stock Photo: Agencja Fotograficzna Caro / Robert Seeberg (gor). Dreamstime.com: Philip Dickson / Psdphotography (mor). Getty Images: AFP / Adrien Barbier (mol); Handout / Plan International Australia (ur). Reuters: Volvo Ocean Race / ABN AMRO ONE / Handout (mur). 32–33 Alamy Stock Photo: IAN Fairbrother (m). 32 Alamy Stock Photo: BIOSPHOTO / Christoph Gerigk (ur); dpa picture alliance / National Oceanography Centre (mul). 33 Ecoscene: Stuart Donachie (mor). Science Photo Library: European Space Agency (gom); Dr Ken Macdonald (mul); Institute Of Oceanographic Sciences / NERC (um). 34 Alamy Stock Photo: Ernie Janes (gor). SuperStock: Minden Pictures / Michael & Patricia Fogden (ml). 35 Getty Images: Alexis Rosenfeld. 36 Alamy Stock Photo: Design Pics Inc / Alaska Stock Images (ul). Dreamstime.com: Vlada Koliada (m). 36–37 Alamy Stock Photo: Kevin Schafer (m). 37 Alamy Stock Photo: NatPar Collection (ur). Dreamstime.com: Ondřej Prosický (mor). Shutterstock.com: Splashdown / Michael Nolan (mr). 38 Science Photo Library: Patrick Dumas / Look At Sciences (ml). 38–39 NASA. 39 Getty Images: The Image Bank Unreleased / Jim Sugar (mor). 40 Alamy Stock Photo: Gary Cook (mol). Science Photo Library: Ian Hooton (mor). 40–41 Dreamstime.com: Chuyu (u). 41 Alamy Stock Photo: AB Forces News Collection / Staff Sgt. Daniel J. Martinez (gom). Getty Images / iStock: ZayacSK (mr). 42 Getty Images: Logan Mock-Bunting (ul). Getty Images / iStock: Toa55 (ml). 42–43 Alamy Stock Photo: Zakir Hossain Chowdhury (gom). 43 Alamy Stock Photo: Design Pics Inc / Alaska Stock LLC (mr); Hemis.fr / Philippe Bourseiller (mul); Pavel Filatov (gor). Science Photo Library: Tony Morddock (ur). 44 Alamy Stock Photo: Jake Lyell (um). 44–45 Getty Images: Barcroft Media / Anuwar Ali Hazarika (m). 45 Alamy Stock Photo: EFE News Agency / Esteban Biba (gor); FEMA (mr). Dreamstime.com: Manop Lohkaew (mor). 46–47 Alamy Stock Photo: Nathaniel Noir (m). 46 Getty Images: AFP / Rodrigo Arangua (mur); Corbis Documentary / Douglas Peebles (um). 47 Alamy Stock Photo: Joerg Boethling (ur); Andy Sutton (mul). Getty Images: Corbis Historical / Gideon Mendel (gor). 48 Alamy Stock Photo: dpa picture alliance / Daniel Reinhardt (um). Getty Images: Anadolu Agency / Arnaud Bouissou / COP21 (ml); The Image Bank Unreleased / Howard Davies (mul). 48–49 Alamy Stock Photo: ZUMA Press, Inc. / Andre Malerba (m). 49 Alamy Stock Photo: Rob Arnold (m); Edward Parker (om). Shutterstock.com: AP / Michael Sohn (ur). 50 Getty Images / iStock: sarkophoto (ul). Shutterstock.com: Rudmer Zwerver (m). 50–51 Getty Images: Chien-min Chung (m). 51 Getty Images: AFP / TT News Agency / Erik Simander (mor); DigitalVision / Jose Luis Pelaez Inc (ur). 52–53 Dreamstime.com: Salih Arikan (soil); Millda (pavement). 53 Alamy Stock Photo: Rob Morndall (ur); UPI / Keizo Mori (gom). Dreamstime.com: Johncarnemolla (mr). Science Photo Library: (gor); TRL Ltd. (mor); Steve Allen (mur). 54–55 Shutterstock.com: morig coker (u). 54 Getty Images: Hulton Archive / Tim Graham (om). Shutterstock.com: Gary Saxe (mol). 55 Dreamstime.com: Anny Ben (m). Marine Current Turbines TM Ltd: (gor). Science Photo Library: Bjorn Svensson (om). 56 Alamy Stock Photo: Mark Boulton (mol). Dreamstime.com: Xxlphoto (ul). 56–57 Getty Images: The Image Bank Unreleased / Alison Wright (um). 57 Alamy Stock Photo: Ashley Cooper (mur). Dreamstime.com: Marco De Heus (mor). PunchStock: Purestock (ur). 58–59 Alamy Stock Photo: Westend 61 GmbH / Werner Dieterich (m). 58 Alamy Stock Photo: Mark Boulton (mul); Bruno Rodrigues Baptista da Silva (um). Science Photo Library: Ted Kinsman (m). 59 Alamy Stock Photo: Hans Blossey (um). Getty Images: Universal Images Group / View Pictures (mor). Shutterstock.com: Rawpixel.com (ur). 60–61 Getty Images: Archive Photos / Smith Collection / Gado (u). 60 Alamy Stock Photo: Dennis Cox (om). Dreamstime.com: Sorin Colac (mor). Getty Images / iStock: E+ / georgeclerk (mol). 61 Alamy Stock Photo: Imagebroker / Arco Images / Scholz, F. (mol); Justin Kase zsixz (gol); Adrian Muttitt (ml). 62 Dreamstime.com: Sjors737 (ul). Getty Images: (um). Shutterstock.com: Iakov Filimonov (ml). 62–63 Getty Images: Stone / Peter Cade (m). 63 Alamy Stock Photo: Tetra Images, LLC / JGI / Tom Grill (mr). Dreamstime.com: Stockphototrends (mur); Chun Ju Wu (mor). Shutterstock.com: Sterling Images (gor). 64 Dreamstime.com: Luke Wendling (mol). 66 Dorling Kindersley: Science Museum, London (mr). 67 Getty Images: Hulton Archive / Georges De Keerle (gor). Science Photo Library: Munoz-Yague / Eurelios (ur). 68 Alamy Stock Photo: Janine Powell Photography (mr). Getty Images: AFP / Pool (ul). 69 Alamy Stock Photo: GM Photo Images (ur); David Kilpatrick (gor). 70 Alamy Stock Photo: Science History Images / Photo Researchers (ml). Dreamstime.com: Ahmad Marzuky (ur). 71 Dreamstime.com: Chan Yee Kee (gor)

**Cover:** *Vorn:* 123RF.com: Martin Spurny gom; © Renault Communication: Renault Marketing 3D-Commerce um; Dreamstime.com: Rinus Baak gol (Papageitaucher), Antti Karppinen / Alias Studiot Oy mlu (Aktenvernichter), Photka gogl, Sergey Tolmachyov mglu, Abeselom Zerit ml (Schneeleopard), Ieva Zigg mu (Glühlampe); Getty Images / iStock: mphillips007 mu, photo5963 mo (Turbine), spawns mu (Solarzellen), Suradech14 ul; NASA: JPL-Caltech AIRS Project r; *Hinten:* 123RF.com: djmilic mr; Dreamstime.com: Sergey Uryadnikov gol; NASA: gor; *Rücken:* NASA: JPL-Caltech AIRS Project.

SCAN MICH

Kahoot!

Im Training

Profi-Runde

Pics Challenge